清真古韵

رائعة إسلامية قديمة ــ مسجد نيوجيه في بكين

北 京 牛 街 礼 拜 寺

An Old Islamic Tone – Beijing Niujie Mosque

北京市宣武区伊斯兰教协会 编著

Edited by Islamic Association of Beijing Xuanwu District

تحرير: الجمعية الإسلامية لحي شيوانوو ببكين

文物出版社

装帧设计／刘　远
　　　　　特木热
责任印制／梁秋卉
责任编辑／李缙云

图书在版编目（ＣＩＰ）数据

清真古韵：北京牛街礼拜寺／北京市宣武区伊斯兰教
协会编著 .—— 北京：文物出版社，2009.9
　ISBN 978-7-5010-2821-4

Ⅰ.清⋯ Ⅱ.北⋯ Ⅲ.清真寺——简介——北京市 Ⅳ.
B 967.21

中国版本图书馆CIP数据核字（2009）第154871号

清真古韵

رائعة إسلامية قديمة – مسجد نيوجيه في بكين

北 京 牛 街 礼 拜 寺
An Old Islamic Tone – Beijing Niujie Mosque

北京市宣武区伊斯兰教协会　编著
Edited by Islamic Association of Beijing Xuanwu District
تحرير: الجمعية الإسلامية لحي شيوانوو ببكين

出版发行　文物出版社
地　　址　北京东直门内北小街2号楼
　　　　　邮政编码　100007
　　　　　http://www.wenwu.com
　　　　　E-mail:web@wenwu.com

制版印刷　北京圣彩虹制版印刷技术有限公司
开　　本　889 × 1194毫米　1/16
印　　张　20.75
版　　次　2009年9月第1版　2009年9月第1次印刷
书　　号　ISBN 978-7-5010-2821-4
定　　价　260.00元

目录
Catalogue
المحتويات

目录

Catalogue

المحتويات

序一
Foreword I
المقدمة الأولى

序 一

首先祝贺《清真古韵——北京牛街礼拜寺》一书的出版，它的出版是牛街穆斯林乃至全市穆斯林的一件大事。应约为此书作序深感荣幸。因为我毕竟在牛街礼拜寺当过5年的阿訇，这是我50年阿訇史中最光辉的一段，使我终生难忘。每当我想起在那幽静、古雅的牛街礼拜寺的那些日子，就感到无比兴奋和自豪。

在这里我也感谢那些热心编写此书的朵思提们，他们为挖掘、整理这段历史付出了辛勤的劳动，为伊斯兰教作出了贡献，给他们道"塞哇布"啦。

大家知道，清真寺是穆斯林履行宗教功课、学习教义和传播伊斯兰教文化的场所。从伊斯兰教早期进入中国并开始流传时期，在穆斯林居住相对聚集的地区逐步建立了以清真寺为中心的穆斯林社区，这一现象的形成，为伊斯兰教在中国以后的传播和发展创造了条件，清真寺因此成为中国伊斯兰文化发展的载体。

《清真古韵——北京牛街礼拜寺》介绍了北京牛街礼拜寺千年文化的形成、发展和变迁，从历史沿革、建筑艺术到寺藏文物、宗教习俗及文化交流，都客观清晰地反映了中国穆斯林对经训的领悟，对信仰的虔诚和执着。虽然它只是谈及到北京牛街礼拜寺的悠久历史和灿烂文化，但某种程度上它是北京穆斯林或者说是中国穆斯林文化和生活的写照。牛街礼拜寺的千年发展史，是北京穆斯林的生活史，也是宗教的传播史和文明史。正是这种文化和文明的传承，坚定了人们的信仰，丰富了人们的生活，升华了人们的思想。

伊斯兰教是入世的宗教，它在强调信仰和宗教功修的同时，同样注重社会责任和文化生活。它宣扬要以两世吉庆的思想激励人，以宽容友爱的精神引导人，以劝善戒恶的道德主张塑造人。倡导人与人之间、人与家庭之间、人与社会之间、人与自然之间的和谐，这与今天我们构建的和谐社会的理想和追求无疑是相辅相成的。

中国是一个统一的、多民族、多宗教国家，我国各族穆斯林在中华大地上已生活了千余年漫长的岁月，在这历史的长河中，在伊斯兰教传播发展过程中，始终与所处时代及社会保持着和平相处、共同发展的和谐关系，积极适应社会的发展变革，并与中国传统文化相互影响、相互包容、相互融合。中国传统文化宽容、博大的精神也相应为民族的融合及宗教的传播和发展提供了相对宽松的氛围和环境。

无论是从《清真古韵——北京牛街礼拜寺》中回顾历史还是着眼当今，我们完全可以自豪地说：中国穆斯林群众是时代文明的参与者，也是社会进步的推动者，它与全国各族人民一起，共同创造了伟大的中国历史，也共同创造了灿烂辉煌的中华文明史，这是一种顽强的精神，也是一种虔诚的信仰，是对社会和谐的贡献，更是一种对人类和平的挚爱和珍视。

愿所有读到、看到《清真古韵——北京牛街礼拜寺》这本文册的人，不仅从中能了解北京的伊斯兰教和穆斯林文化生活，也能体会到中国穆斯林积极进取、维护和平、爱国爱教的时代精神。

祈求真主襄助我们成功。

哈吉·希拉伦丁·陈广元

于北京东四清真寺
2008年6月30日

Foreword I

First of all, we must congratulate the publishing of the book "*An Old Islamic Tone—Beijing Niujie Mosque*", this is really a great event to Niujie Muslims and whole Muslim world. Also, it is my honor to write foreword for this book. Being an Akhond, I worked for Niujie Mosque for 5 years, and that is my best time in 50 years of my unforgettable Akhond life. Each time recalling the days working in that calm, quaint Niujie Mosque, my heart is filled with exciting joy and proud.

I would like to offer my sincere thanks to those "Duostee" or friend who made this book done by hard working in digging into the history, and contributing greatly to Islam religion, so I would also say "Saiwab" in Arabic to thank their back-busting job in this book.

As we know, Mosque is a place for Muslims to diffuse, learn the religion and exercise the religion practices. In early time while Islam entering and propagating in China, mosques were built in center of Muslim communities thus making favorable condition to help transmission of the Islam religion, so that, mosques become conveyors of Islam development in China.

"*An Old Islamic Tone—Beijing Niujie Mosque*" introduced how Niujie Mosque creates, grows up and changes, all proved by architecture, deposit relics, religious customs and culture exchanges all objectively reflecting Chinese Muslims perception and persisting devotion to Islam religion which formed in this book.

Though confined in history and culture of Niujie Mosque, it is a live mirror of all Muslims in China. The thousand years developing history of Niujie Mosque is an important part of Beijing Muslim history and religion transmission in China's civilization. It is just those transmissions for culture and civilization, which has sublimated spirit, consolidated believe, and enriched life for all people involved in.

Islam is a practical religion stressing on believe and devotion not only to the religion, but also to social responsibility and culture activities. Islam fosters the spirit of "happiness for both present and future" to boost people, to create generous and friendly mind to treat people also a strong will to foster the good and dispose the evil, so as to build up harmony world for people, with society and with nature, this is doubtless a same goal conform to the pursuit of present society.

China is an unified country with various nationalities and religions, and Muslim ethics exist over thousand of years in this land, in this long time of Islam transmission, Muslims in various times kept peaceful co-existence and development with other nationalities and accustomed to every social change successfully, also achieved good ethic fusion, culture inclusiveness and influence with each other. In the other hand, tradition of Chinese culture has a broad tolerance for various ethics and religions, thus respectively providing a friendly environment to ethic fusion and religion transmission.

By reading *"An Old Islamic Tone—Beijing Niujie Mosque"*, whether we look at past or today, we can say with pride that Chinese Muslims with other nationalities are facilitators of glorious history of China's civilization and promoters of social evolution. This is owing to our indomitable spirit, devotional believe and strong love and cherishment of peace.

We wish all people reading *"An Old Islamic Tone—Beijing Niujie Mosque"* are able to understand Beijing Muslim history and perceive us Beijing Muslims' spirit for achieving progress, keeping peace and loving of our motherland and religion at present era.

We bless that Allah help us to success.

Haji Hiralumdin Chen Guangyuan
At Beijing Dongsi Mosque
June 30, 2008

المقدمة الأولى

في البداية، علينا أن نهنئ بصدور <<روائعة إسلامية قديمة – مسجد نيوجيه في بكين>>. إن هذه مناسبة عظيمة حقا لمسلمي نيوجيه ولكل العالم الإسلامي. ويشرفني أيضا أن أكتب تقديما لهذا الكتاب. إن كوني آهونغ (إماما) عملت خمس سنوات بمسجد نيوجيه، فذلك أفضل وقت في سنواتي الخمسين التي لا تنسى كإمام. في كل مرة أتذكر أيام عملي في مسجد نيوجيه الهادئ اللطيف، يمتلئ قلبي بالبهجة والفخر.

أود أن أعرب عن شكري الصادق لأولئك الأصدقاء الذين أنجزوا هذا الكتاب بالعمل الشاق في البحث عميقا في التاريخ مقدمين مساهمة عظيمة للدين الإسلامي. ولهذا فإنني أود أن أقول أيضا "أثابكم الله" لشكر عملهم الذي يقصم الظهر في هذا الكتاب.

كما نعلم، المسجد هو مكان الطمأنينة للمسلمين وتعلم الدين وممارسة العبادة. في الزمن المبكر عندما دخل الإسلام وانتشر في الصين، كانت المساجد تقام في مراكز تجمع المسلمين، فتهيئ الظروف المناسبة لنشر الإسلام، ثم صارت المساجد وسيلة لتطور الإسلام في الصين.

يشرح <<روائعة إسلامية قديمة – مسجد نيوجيه في بكين>> كيف أنشئ مسجد نيوجيه وتطور وتغير. وكل ذلك مثبت بالصور والآثار والعادات الدينية والتبادلات الثقافية، فكلها تعكس بموضوعية مفهوم الصينيين المسلمين وإيمانهم العميق بالإسلام. إن هذا يجتمع في تاريخ وثقافة مسجد نيوجيه. إنه مرآة حية لكل المسلمين في الصين. إن تاريخ تطور مسجد نيوجيه لمدة ألف سنة جزء مهم من تاريخ المسلمين في بكين وانتشار الدين الاسلامى في الصين. إن تلك الانتقالات للثقافة والحضارة، تسمو بالروح وتمتن الإيمان وتثري الحياة لكل المنضوين تحتها.

الإسلام عقيدة عملية تؤكد ليس فقط على الإخلاص للعقيدة، وإنما أيضا على المسؤولية الاجتماعية والنشاطات الثقافية. الإسلام يحتضن ويرعى روح "السعادة من أجل الدنيا والآخرة"، للارتقاء بالناس،لغرس الخلق الكريم ولمعاملة الناس بروح قوية لاحتضان الخير

ونبذ الشر. وذلك من أجل بناء عالم متناغم بين الناس والمجتمع والطبيعة. وهذا بدون شك نفس الهدف الذي يتفق مع ما يسعى إليه المجتمع الآن.

الصين دولة موحدة متعددة القوميات والعقائد الدينية، والأخلاقيات الإسلامية موجودة منذ أكثر من ألف سنة على هذه الأرض. في هذه الفترة الطويلة لانتشار الإسلام، حافظ المسلمون في كل زمن على تعايش وتطور سلمي مع أبناء القوميات الأخرى وتكيفوا مع كل تغير اجتماعي بنجاح، وحققوا أيضا انصهارا أخلاقيا واحتضانا ثقافيا وتأثيرا مع بعضهم البعض. من ناحية أخرى، تتسم تقاليد الثقافة الصينية بالتسامح الكبير لكثير تجاه كثير من الأخلاقيات والديانات، مما وفر بيئة ودية للانصهار الأخلاقي وانتشار الدين.

إن قراءة <<حرائعة إسلامية قديمة ـ مسجد نيوجيه في بكين>>، سواء نظرنا إلى الماضي أو إلى الحاضر، يمكن أن نقول بفخر إن المسلمين الصينيين مع أبناء القوميات الأخرى هم مبدعو للتاريخ المجيد للحضارة الصينية وناشرو الصعود الاجتماعي. إن هذا يعود إلى روحنا الراسخة وإيماننا المخلص وحبنا القوي واعتزازنا بالسلام.

نأمل للجميع من خلال قراءة <<حرائعة إسلامية قديمة ـ مسجد نيوجيه في بكين>>، أن يستطيعوا فهم تاريخ مسلمي بكين وتقدير روح مسلمي بكين لتحقيق الإنجازات، محافظين على السلام وحب وطننا الأم وديننا في المرحلة الراهنة.

ندعو الله أن يعيننا على النجاح

الحاج هلال الدين تشين قوانغ يوان

في مسجد دونغسي ببكين

30 يونيو 2008

序二

Foreword II

المقدمة الثانية

序 二

时光荏苒，转眼间从事中国伊斯兰教历史、文化研究已经整整30年了。人们常说，爱回忆往事是老年人的一种表征。我不知道这话有没有科学道理。我并不觉得自己已经老了，但老实说，我近来的确经常处于对往事的回忆之中。30年前，正当我们伟大的祖国踏上改革开放的金光大道时，党的知识分子政策也落实到了我的头上，中国社会科学院的一纸调令，将我从石景山师范学校调到本院世界宗教研究所，结束了我"学非所用"的尴尬处境，得以从事中国伊斯兰教历史与文化研究。

我从小就读于北京王府井大街一座清真寺中开设的穆安小学，深受本民族文化的熏陶与教育，对自己的母亲民族以及支撑母亲民族的伊斯兰文化有着难以言表的深厚感情。因此，能够以中国伊斯兰教研究为自己毕生的事业，我感到非常荣幸，愿意"衣带渐宽终不悔，为伊消得人憔悴"。

记得来所后我接受的第一项任务，就是参加《宗教词典》有关中国伊斯兰教词条的编写。在搜集资料的过程中我深深感到，虽然中国伊斯兰教研究的资料相当丰富，但是研究基础与现状实在薄弱得很，前辈学者虽然进行过一些开拓性研究，然而受时代与其他种种因素的影响，研究的深度和广度都还有极大的空间，研究成果与其他宗教研究相比差距极大，不要说在国际上，即使在国内也难与其他宗教研究成果相比肩。就以我负责编写的内容而言，几乎没有多少可资参考的现成文字和图片材料，原始材料都要靠自己去搜集、整理、归纳，并在此基础上进行反复研究，最后写出词条释文。有些文字资料之间存在很大差异，需要认真分析研究，否则就会出错。由此可见，在30年前，我们从事中国伊斯兰教研究的底子确实相当薄弱，用"筚路蓝缕"加以形容是一点也不为过的。

30年后的今天，我国的伊斯兰教研究事业已经取得了引人瞩目的成就，新成果层出不穷，研究的广度、深度与30年前均不可同日而语。特别令我感到高兴的是，大量穆斯林学者纷纷涌现，很多地方的清真寺、伊协组织以及热心文化事业的民间穆斯林学者以极大的热情，投身于回族和伊斯兰教研究的事业中，其中，宣武区伊斯兰教协会、北京牛街礼拜寺以及牛街地区的回族学者给我以极为深刻的印象。早在20世纪80年代末90年代初，北京牛街的著名回族学者刘东声、刘盛林两位前辈，不仅写出很多质量很高的学术论文和学术资料，而且在有关单位的协助下注释出版了"北京牛街志书——《冈志》"，出版了《北京牛街》一书；在北京市民委、北京市伊协的大力支持下，前辈学者彭年编著的《北京的回族与伊斯兰教史料汇编》也在1996年6月后印行；另外一位令人尊敬的回宗正乡老，也不顾年老体弱，不辞辛劳，笔耕不辍，几年中先后整理出多部北京伊斯兰教的文献资料，在民间影响甚大……牛街地区回族穆斯林在抢救、发掘、整理、弘扬北京回族与伊斯兰教文化方面，作出了重大的贡献。

最近，马希桂先生将他们的一部新著《清真古韵——北京牛街礼拜寺》修订稿送给我，并且告诉我说，这是在前不久宣武区伊斯兰教协会、牛街寺管会那个《牛街礼拜寺历史文化陈列大纲》基础上撰写的。拜读之后，令我感到印象深刻的有以下三点：第一，全书框架结构全面、简洁、合理，除前言和后记外，共五章，包括历史沿革、建筑艺术、寺藏文物、宗教习俗、文化交流等；历史沿革包括地理位置、始建年代、历代修建、寺院管理、寺办教育、社团书社等六部分；建筑艺术包括建筑布局、建筑特色（绘画艺术、书法艺术、雕刻艺术）等两部分；寺藏文物包括经书、典籍、陶瓷、铜器、匾额、石刻等五部分；宗教民俗包括穆斯林五大功修、伊斯兰教三大节日、穆斯林习俗（经名、割礼、婚仪、葬仪、游坟、禁忌、服饰、经都）等三部分。第二，主题鲜明，紧紧抓住"牛街寺历史文化"这个主题，围绕牛街礼拜寺做文章，不仅令人感到牛街礼拜寺的"清真古韵"源远流长，凸显了牛街古寺深厚的文化底蕴；而且从对历史文化的准确描述中，折射出在中国共产党的正确领导下，北京伊斯兰教、回回民族及牛街礼拜寺的新生与进步，令人感到古寺伴随社会发展进步不断跳动的时代脉搏。第三，作者学术功底扎实，叙事准确，有凭有据，中、英、阿三种文字对照，图文并茂，文字、照片、表格相得益彰，尤其是那些统计表格的内容使我看到作者的艰辛，十分难得，既是对以往资料的梳理与研究，又为今后的进一步研究提供了翔实可靠的文献资料，意义重大而深远。作为生于北京、长于北京的一名回族穆斯林学者，我对于该书的作者，对于组织该书编写与出版发行的部门领导以及参与该项工作的全体同志，表示深深的敬意，感谢他们为发掘、保存、弘扬北京回族与伊斯兰教文化所作出的新的努力和新的贡献！

清真寺，阿拉伯语音译是"麦司吉德"，原意为"叩拜之处"；又被称作"白义屯拉"，意为"真主的房屋"。因此，清真寺在穆斯林心目中是最为神圣的地方。中国清真寺还被称作"哲马尔提"，其意为"社团"、"团体"，回族穆斯林将其译为"坊"，每一座清真寺为中心构成的一个穆斯林社区就是一座教坊。这表明，中国清真寺具有很多社会功能。它们是穆斯林进行宗教活动的中心场所，平日人们在这里进行每天的"五番拜"，每周的"主麻日"在这里举行"聚礼"，每年的开斋节、古尔邦节在这里举行大规模的"会礼"，每年纪念先知的"圣会"以及纪念先知之女法图麦的"女圣会"都在这里举行。此外，清真寺还是穆斯林进行各种社会活动的重要场所：这里是穆斯林沐浴洁身、拜前进行洗礼的场所，是阿訇宣讲教义和宗教知识的讲坛，是培养新一代宗教事业接班人的经堂，是穆斯林儿童以及那些幼而失学的成年人接受启蒙教育的学校，是穆斯林主办婚丧嫁娶和屠宰禽畜的服务场所，是纪念亡故先贤、接受传统教育

的会场，是阿訇、伊玛目等宗教领袖处理坊内各种事物的办公处所，是穆斯林锻炼身体、净心涤虑、相互交流的场所，是历史上动员、组织穆斯林群众反对封建王朝的战斗指挥部、制造和储存军械旗帜的兵工厂、弹药库。如今，随着时代的发展、社会的进步，清真寺的社会文化功能又有许多新的体现，人们在这里开展各种丰富多彩的文化活动，开论坛、编教材、办画展、办刊物，开展济贫或赈灾捐资等公益活动，接待国内外来访的宾客，开办各种主题的学习班和培训班，开展与其他清真寺之间的文化交流活动等等。外地穆斯林游子来到本地，尽管人生地不熟，只要到了清真寺，就会得到真诚的接待与周到的安排，就像回到自己温馨的家。因此，清真寺是伊斯兰教的重要载体，中国清真寺文化的内涵极其丰厚，外延极其广博，对中国清真寺文化进行深入的研究，对于了解中国伊斯兰教以及各族穆斯林的历史、文化、教育、艺术、理论、团体、组织、教派、政治、经济、生活、民俗等都是一个最好的切入点。尤其是对于像牛街礼拜寺这样的古寺、大寺文化的研究，不仅对于牛街地区、宣武区，而且对于整个北京乃至河北、华北地区伊斯兰教历史文化的研究也是具有非常意义的。

"牛街礼拜寺历史文化陈列"开幕暨《清真古韵——北京牛街礼拜寺》一书的出版发行，充分展示了牛街礼拜寺古老而深厚的文化底蕴和北京穆斯林的现代文明与自信，这应该也是牛街乃至全市穆斯林为新中国成立60周年的一份颇具特色的献礼吧。

易卜拉欣·冯今源

2008年6月29日

Foreword II

Time flies, it is 30 years I have been engaging in research of Chinese Islam history and culture. Being aged, though feeling not so old, I am liable in recall of past things at quite common a case. 30 years ago, China stepped onto the brilliant road in reform and opening era, and I was fortunately assigned to the new position at Institute of World Religions of China Academy of Social Sciences from Shijingshan Normal School, thus pushing me to the right track of my study to dedicate in research of China Islam history and culture.

I studied my primary school in a mosque at Beijing Wangfujing Street named "Mu An School", where I was educated and baked in Muslim culture from then on, I have deep affection to my mother Islam culture and hard to speak how I love it. So I am lucky to devote myself into the Islam research as my lifelong undertaking "for love of you, I never ever regret even getting weak and pine".

My first task assigned soon afterwards is to compile China Muslim related terms for the book *"Religion Dictionary"*. Though a plenty of materials can be found, the research quality was impacted much at that time, and Islam research was lagging behind to other religions' research in China, let alone to that of international circle. So in my field, almost no material is ready to use, I had to collect, analyze, summarize and compile all things, in most cases, it needs many times of research to reach final term products. And many wrong or incorrect historical data, information complicated my research, without consistency and sense of quality, I would largely fail my readers for a long time. It was really shabby a situation in our Islam research if we have to illustrate that time.

Till present time after 30 years, Islam research has had amazing achievements in China. With many discoveries and valuable results, the dimension and thickness of the research has far beyond that of 30 yeas ago. The most thing makes me happy is that human resource in research area has developed greatly, which fostered by local mosques, Islam associations and independent scholars with their great enthusiasm, and I am deeply impressed by the support especially given by Niujie local Muslims including Niujie Mosque, Xuanwu Islam Association and Islamic scholars.

In transient of 1980-1990, Mr. Liu Dongsheng and Mr. Liu Shenglin, 2 famous Muslim scholars in Beijing Niujie, have done a great amount of useful research and wrote the book "*The Notes for Gangzhi — Record of Beijing Niujie in Qing Dynasty*", "*Beijing Niujie*" which successfully published, and "*Compilation of Beijing Ethic Hui and Islam History Materials*" by elder scholar Peng Nian also published in June of 1996 under the guidance and assistance of Beijing Ethnic Affairs Commission and Beijing Islam Association. Besides, many materials and documents were compiled and edited by another respected Muslim elder with years of arduous work and hard pen work and achieve vast effect among Muslim circle······ Niujie Muslims have great contribution to dig and recover Beijing Muslim ethic history and culture.

Presently, Mr. Ma Xigui sent me their new work "*An Old Islamic Tone — Beijing Niujie Mosque*" and told me that this book is written on the base of the literature of the exhibition of "Niujie Mosque: History and Culture". After reading the book, I would like to express my deep impression for 3 points bellow: First, this book has a good framework to reasonably and briefly cover 5 chapters excluding forewords and postscript, there are: 1. History Development, which introducing geographic location, construction date, reconstruction in various times, mosque administration, religion education, leagues and publishing activities; 2. Architecture Art, which illustrating architectural layout, decorative features (painting, calligraphy and carving) etc; 3. Deposit Relics, which describing classics, old documents, porcelains, copper and bronze ware, inscribed tablet and stone carvings; 4. Religious Custom, which introducing Al-Arkan al-Khamsah (Five Muslim practices), Three Festivals and major Muslim customs (Iupac or nomenclature, Khatnah or circumcision, wedding, funeral, tomb tour memory, taboos, cloth fashion and Jingdu or Muslim banner; 5. Culture Exchange.

Second, with a sharp orientation, the book focused on "Niujie Muslim History and Culture", to give readers an impression that the "old Islamic tone" being long lasting in Niujie Mosque, and imposing the strong power of cultural existence. Descriptions are basically accurate to reflect the correct leadership of CPC policies, all great efforts made by local religious organizations, Muslim ethic people and Mosque Administration. Through all these, we can perceive how vigorous Niujie Mosque growing in past and present years.

Third, the writers collected solid and substantial materials, with Chinese, English and Arabic reference for important evidence, accurate data and information, colorful pictures and graphics to support words. I believe, it is a meaningful good book of importance based on past facts with proper research and analysis, we can find via detailed statistics what a perfect work is ever done by these writers, being a senior Muslim scholar born and living so long in Beijing, I deeply thank all those people contributed in designing, organizing, editing and publishing this book, thank you for digging, protecting, reserving Beijing Islam and Muslims history and culture!

Mosque, is a word from Arabic "Maskid" meaning a place for prostration, it is also called "Byetuenlah" meaning the house of Allah. So it is the top saint place for Muslims. Mosque in China is called in someplaces as "Gemaltee" meaning a society or association, and translated as "Fang" in Chinese meaning a square or a block in community, so commonly each mosque becomes a center of Islam culture in a Muslim community. Moreover, Mosque in China has many social functions, such as for religious event, for daily "Wufanbai" (5 worships per day), for Salat al-Jum'ah (weekday gathering for worship), for such important yearly fairs as 'Id al-Fitr (the day to break the fast) and 'Id al-Qurban or 'Id al-Adha (the day to butcher the animals), for convocations in memory of prophets including Fatimah who is the daughter of a great prophet. Besides, the Mosque is also a place for al-Tahalah or body wash before worship, for wedding, funeral and ancestral recalls ceremony, as well as for social exchange, communications, arts and sports games. It is also for Islam education and lectures given by Akhonds, which hosting kids and adults dropout schools for certain reason. In addition, the Mosques is for Akhonds to discuss and make decision on important events, to issue and announce their acts, including mobilization and organization armed force, what is more, the Mosque is used to be a place to collect and manufacture weapons, ammunitions and flags during the war time to fight against feudal conquerors.

In nowadays, the Mosque mainly hosts Muslim people to enjoy various culture activities, including social and religious forums, painting and calligraphy shows, editing text books and publications, receiving domestic and foreign guests, exchanging with other mosques around the world, condncting education and training programs, as well as charity fairs to help people in disasters.

Muslims from other places of China and overseas while entering in the Mosque, will receive good service just like being at their own home. They will enjoy rich Muslim culture and vast interests in the Mosque, particularly they can better understand unique feature of Chinese Muslims, such as ethic people, history, culture, art, education, organization, school tradition, politics, economy, life style and customs etc. As a big, old and capital mosque, it has more than important value if you want to study the Muslim history in Niujie street, Xuanwu district, Beijing city, Hebei province, north China and grand China.

The opening of the exhibition "Niujie Mosque: History and Culture" and publication of the book "*An Old Islamic Tone — Beijing Niujie Mosque*" gave a full demonstration for deep cultural deposit of Niujie Mosque, also modern civilization and confidence of Beijing Muslim people, it is a featured gift to 2008 Beijing Olympics, which stated as a "Green, High-Tech and People Friendly Olympics" contributed by all Muslims of Niujie community and Beijing city.

By Ibrahim Feng Jinyuan
June 29, 2008

المقدمة الثانية

يمر الوقت سريعا، ثلاثون سنة منذ أن انخرطت في البحث حول تاريخ وثقافة الإسلام في الصين. كرجل مسن، على الرغم من شعوري بأنني لست عجوزا جدا، يمكن الاعتماد على في تذكر الأشياء الماضية. قبل ثلاثين سنة، خطت الصين على الطريق الرائع لحقبة الإصلاح والانفتاح، وقد عينت، لحسن الحظ، في وظيفة جديدة بمعهد ديانات العالم في الأكاديمية الصينية للعلوم الاجتماعية بعد أن كنت أعمل في مدرسة شيجينغشان للمعلمين، وهذا دفعني إلى المسار الصحيح لدراستي ولتكريس نفسي للبحث في تاريخ وثقافة الإسلام في الصين.

درست المرحلة الابتدائية في مدرسة تسمى "مدرسة مو آن"، في مسجد بشارع وانغفوجين ببكين، حيث درست وتعمقت في ثقافة المسلمين منذ ذاك، وتأثرت عميقا بالثقافة الإسلامية الأم، التي يصعب على قول كم أحببتها. ومن ثم فإنني محظوظ لأن أكرس نفسي للبحث في الإسلام كمهمة حياتي" من أجل حبي لك، لا أندم أبدا حتى وإن وهنت ونحفت".

مهمتي الأولى التي جاءت سريعا بعد ذلك كانت جمع وترتيب المصطلحات ذات العلاقة بمسلمي الصين لكتاب "المعجم الديني". على الرغم من إمكانية العثور على مواد وفيرة، كانت نوعية البحث متخلفة كثيرا في ذلك الوقت، كانت بحوث الإسلام متأخرة عن البحوث في الديانات الأخرى بالصين، ناهيك عن البحوث على المستوى الدولي. ومن ثم، في مجالي لم تكن هناك مادة جاهزة للاستخدام، وكان على أن أجمع وأحلل وألخص وأرتب كل شيء. في معظم الأحوال، كان يتطلب الأمر وقتا طويلا من البحث للوصول إلى خلاصة المصطلحات. والعديد من البيانات والمعلومات الخاطئة أو غير الصائبة جعلت بحثي معقدا. بدون الإصرار والإحساس بالجودة، كان يمكن أن أخذل قرائي لفترة طويلة. كان الوضع مهترئا حقا في بحوثنا الإسلامية.

منذ ثلاثين عاما وإلى الآن، حققت البحوث الإسلامية إنجازات مدهشة في الصين. مع العديد من الاستكشافات والنتائج القيمة، تنوعت اتجاهات وثقل البحوث خلال الثلاثين سنة الماضية. إن أكثر ما يسعدني هو أن الموارد البشرية في مجال البحث تطورت كثيرا، وتحتضنها المساجد

المحلية، الجمعيات الإسلامية. والعلماء المستقلون، بحماسهم العظيم. وإنني متأثر للغاية بالدعم الذي يقدمه على نحو خاص مسلمو نيوجيه، ومعهم مسجد نيوجيه، جمعية شيوانوو الإسلامية والعلماء المسلمون.

في الفترة من سنة 1980 إلى سنة 1990، قام العالمان المسلمان في نيوجيه ببكين، السيد ليو دونغ شنغ والسيد ليو شنغ لين، بالكثير من البحوث المفيدة وألفا كتاب "ملاحظات على قانغتشي—سجلات نيوجيه ببكين في أسرة تشينغ″ ، وكتاب "نيوجيه ببكين"، اللذين نشرا بنجاح، وكتاب "مؤلف قومية هوي ببكين ومواد تاريخ الإسلام". الذي كتبه العالم المسن بنغ نيان، ونشر أيضا في يونيو سنة 1996 بإرشاد ومساعدة من لجنة شؤون القوميات ببكين والجمعية الإسلامية ببكين. فضلا عن ذلك، قام بجمع وترتيب وتحرير العديد من المواد والوثائق رجل مسن مسلم محترم آخر هوي تسونغ تشنغ في سنوات عديدة من العمل الشاق وحقق تأثيرا واسعا بين المسلمين.. لمسلمي نيوجيه مساهمات عظيمة في البحث عن واستكشاف تاريخ وثقافة المسلمين ببكين.

مؤخرا، أرسل لي السيد ما شي قوي عملهم الجديد <<درائعة إسلامية قديمة — مسجد نيوجيه في بكين>>. وقال لي إن هذا الكتاب كتب على أساس أدبيات معرض "تاريخ وثقافة مسجد نيوجيه". بعد قراءة الكتاب، أود أن أعبر عن عميق إعجابي للنقاط الثلاث التي أذكرها فيما يلي: أولا، هذا الكتاب له إطار جيد إذ يغطي بشكل معقول خمسة أبواب باستثناء المقدمة والملحق، وهي:1- التطور التاريخي الذي يشمل الموقع الجغرافي، زمن التأسيس، إعادة البناء في الأزمنة المختلفة، إدارة المسجد، التعليم المسجدي وأعمال النشر. 2- فنون العمارة، الذي يشرح التصميم والسمات الزخرفية (الرسم، فن الخط وفنون النقش). 3- المقتنيات الأثرية الذي يصف الكلاسيكيات، الوثائق القديمة، الخزفيات، النحاسيات، البرونزيات، الألواح المنقوشة والمنقوشات الحجرية. 4- العادات الدينية الذي يقدم الأركان الخمسة، الأعياد الثلاثة، عادات المسلمين الرئيسية (تسمية المولود، الختان، الزفاف، الجنازة، زيارة القبور، المحرمات

واللباس). 5- التبادل الثقافي.

ثانيا، يركز الكتاب بقوة على "تاريخ وثقافة مسجد نيوجيه"، ليعطي للقراء انطباعا بأن "الرائعة الإسلامية القديمة" كونها موجودة منذ زمن طويل في نيوجيه، تفرض السلطة القوية للوجود الثقافي. الوصف دقيق ويعكس القيادة الصائبة لسياسات الحزب الشيوعي الصيني، وكل الجهود العظيمة التي بذلتها المنظمات الدينية المحلية، والمسلمون وإدارة المسجد. من خلال كل ذلك يمكننا أن نتصور كيف كان تطور نيوجيه حيويا في الماضي وفي الحاضر.

ثالثا، جمع المؤلفون موادا أساسية صلبة، مع وجود مراجع صينية عربية وإنجليزية للأحداث الهامة، وبيانات ومعلومات دقيقة وصور بديعة ورسوم تدعم الكلمات. وأنا أعتقد أنه كتاب مفيد وجيد تقوم أهميته على حقائق الماضي مع بحوث وتحليلات سليمة، ويمكن أن نجد من الإحصاءات المفصلة كيف أن هذا العمل الذي قام به المؤلفون متقن وكامل. وإنني كعالم مسلم مسن ولد وعاش طويلا في بكين، أشكر بشدة كل من ساهم في تصميم وتنظيم وتحرير ونشر هذا الكتاب. شكرا لكم على تنقيبكم وحمايتكم وحفظكم لإسلام بكين وتاريخ وثقافة المسلمين!

المسجد، كما يسمى بالعربية، يعني مكان السجود، ويسمى أيضا "بيت الله"، ومن ثم فإنه المكان الأعلى قداسة للمسلمين. ويسمى المسجد في بعض الأماكن بالصين "جماعتي" أي رابطة أو جماعة، وترجم إلى "فانغ" في اللغة الصينية أي الساحة أو القطاع في المجتمع. ومن العادة أن يكون كل مسجد مركز الثقافة الإسلامية في مجتمع المسلمين. الأكثر، للمسجد في الصين العديد من الوظائف الاجتماعية، ومن ذلك المناسبات الدينية، الصلوات الخمس، صلاة الجمعة، وللأعياد السنوية الهامة مثل عيد الفطر وعيد القربان (عيد الأضحى) الذي تنحر فيه الذبائح لإحياء ذكرى النبي وفاطمة ابنة الرسول العظيم. فضلا عن ذلك، المسجد أيضا مكان للطهارة، أي غسل الجسد قبل الصلاة، وللزفاف وللجنازة وحفلات تأبين الأسلاف، وكذلك للتبادلات الاجتماعية والاتصالات والألعاب الرياضية. وهو كذلك مكان للتعليم الإسلامي والمحاضرات التي يلقيها الأئمة (أخونغ) التي يحضرها الأطفال والبالغون المتسربون من المدارس لأسباب

معينة. إضافة إلى ذلك، المسجد هو المكان الذي يناقش فيه الأئمة (آخونغ) ويتخذون القرار حول الأحداث الهامة، وللإعلان ونشر أعمالهم ومنها تعبئة وتنظيم المسلمين وجمع وتصنيع الأسلحة والذخائر والأعلام في زمن الحرب للقتال ضد الغزاة الإقطاعيين.

وفي أيامنا الحالية، يستضيف المسجد رئيسيا المسلمين للتمتع بنشاطات ثقافية مختلفة، منها ندوات اجتماعية ودينية، معارض للرسم وفن الخط، تحرير الكتب والإصدارات المدرسية، استقبال الضيوف المحليين والأجانب، التبادل مع المساجد الأخرى حول العالم، استضافة برامج التعليم والتدريب والمعارض الخيرية لمساعدة المنكوبين.

المسلمون القادمون من أجزاء الصين الأخرى ومن الخارج عندما يدخلون المسجد يحصلون على خدمة طيبة، وكأنهم يعودون إلى بيوتهم. يتمتعون بثقافة إسلامية غنية واهتمامات متنوعة في المسجد، وبخاصة أنهم يفهمون فهما أفضل السمات الفريدة لمسلمي الصين، مثل أخلاقيات الناس، التاريخ، الثقافة، الفنون، التعليم، المنظمات، التقاليد المدرسية، السياسات، الاقتصاد، أنماط الحياة والعادات، الخ. إن مسجد نيوجيه، كونه مسجدا قديما في العاصمة، له قيمة هامة إذا أردت أن تدرس تاريخ المسلمين في شارع نيوجيه وحي شيوانوو ومدينة بكين ومقاطعة خبي وشمالي الصين وكل الصين.

إن افتتاح معرض "تاريخ وثقافة مسجد نيوجيه"، ونشر كتاب ﴿﴿روائع إسلامية قديمة ـ مسجد نيوجيه في بكين﴾﴾ يقدما شرحا كاملا للمخزون الثقافي العميق لمسجد نيوجيه، وكذلك للحضارة الحديثة والثقة لمسلمي بكين. إنه هدية مميزة لذكرى مرور ستين سنة على تأسيس الصين الجديدة ساهم فيها كل مسلمي نيوجيه وبكين.

إبراهيم فنغ جين يوان

29 يونيو 2008

前 言
Preface
تقديم

前 言

古都北京以其悠久的历史、灿烂的文化、丰富的自然景观和鲜明的人文特色闻名于世。北京的历史，是由多个民族、多种宗教协调发展共同创造的历史。《清真古韵——北京牛街礼拜寺》，从一个侧面反映了中国伊斯兰教在北京这座历史文化名城中发展的历史，以及牛街礼拜寺在现代化大都市中的地位与作用。

牛街礼拜寺始建于辽代，是牛街穆斯林宗教活动的中心和求知的学校。其建筑、书法、绘画、石刻等艺术形式，无不体现出中国穆斯林辛勤劳动和智慧的结晶，它不仅是伊斯兰教在中国历史演进中的物证，也是中国伊斯兰教文化发展的载体，同时又是宣传党和国家民族宗教政策的窗口。特别是近些年我国对外交往活动日益频繁，北京每年都要接待数量可观的外国代表团官员、新闻记者、民间团体等的来访，他们来自不同的国家，几乎都有自己的宗教信仰。根据统计资料显示，目前世界人口约61.28亿，各种宗教信徒就达48亿之多，占世界总人口的五分之四左右。到北京后，一般都要到宗教活动场所进行宗教活动或参观游览。像美国前总统尼克松、克林顿、布什等就曾到崇文门教堂参观、礼拜。伊朗哈梅内伊总统、哈塔米总统、印度尼西亚瓦西德总统、摩洛哥国王穆哈默德六世、科摩罗阿扎利总统和桑比总统、科威特王储兼首相萨阿德亲王、沙特阿拉伯王储阿卜杜拉·阿齐兹亲王等也曾到牛街礼拜寺参观访问。据不完全统计，仅1983~2008年牛街礼拜寺共接待外宾和港、澳、台地区同胞达14.648万人次，其中国家元首23人，外国部长级以上官员50余人。这些数据足以说明，牛街礼拜寺已经成为中外文化交流不可或缺的一部分。

为了让中外人士更加了解牛街礼拜寺的历史和文化，加强中外文化的交流与合作，2007年3月8日，北京宣武区人民政府民宗侨办和宣武区伊斯兰教协会，在宣武区牛街办事处会议室召开了《牛街礼拜寺历史文化陈列》论证会，率先提出在牛街礼拜寺内举办历史文化展览的设想，此举得到了北京市宗教局、中共宣武区委、区政府和各级领导的高度重视和大力的支持，得到了民族宗教界、文博界专家学者的支持，同时也得到了阿訇、乡老们以及广大民众的支持。并确定展览内容必须紧扣与牛街礼拜寺有关的历史、事件和人物等。《清真古韵——北京牛街礼拜寺》就是在《牛街礼拜寺历史文化陈列》大纲的基础上补充丰富完善的，通过历史沿革、建筑艺术、寺藏文物、宗教习俗和文化交流五个部分，记述了牛街礼拜寺悠久的历史，鲜明的中国传统建筑形式，浓厚的伊斯兰文化特色和珍贵的寺藏文物以及牛街穆斯林顽强拼搏、积极进取的奋斗精神；见证了牛街穆斯林生息繁衍、发展兴旺的历程；展现了中国穆斯林在新中国成立后，特别是改革开放以来爱国爱教情操。

牛街礼拜寺，是伊斯兰教文化的载体，是一座艺术的殿堂，是展示中国穆斯林文化交流的博物馆。

关于本书的几点说明：

一、编辑出版《清真古韵——北京牛街礼拜寺》一书的初衷，是考虑到由于《牛街礼拜寺历史文化陈列》展示空间有限，使丰富的展览内容无法得以全面展示，该书的编辑出版，即可作为展览的补充、延伸与丰富，又可弥补因参观时间有限，不能尽兴参观的缺憾。返家后可继续浏览、追忆并可作为纪念品予以长期保存。同时，虽然目前已经出版的有关牛街礼拜寺的文章、书籍比较多，但尚缺少一部较系统、全面记述与研究牛街礼拜寺历史文化、宗教习俗与文化交流等方面的书籍，特别是以大量的历史图片、碑文拓片、寺藏文物、统计数据、文字叙述为一体的书籍。《清真古韵——北京牛街礼拜寺》的出版正好填补了这一空白，并为专家学者和广大民众深入了解和研究牛街礼拜寺的历史文化提供了较为翔实的资料。

二、牛街礼拜寺的创建年代，目前学术界有辽（或宋）、元、明多种说法，至今尚无定论。我们根据清乾隆四十六年（1781年）刻《古教西来历代建寺源流碑文总序略》、清代北京志书——《冈志》和牛街礼拜寺内的两位宋元时期来华的筛海墓碑文（阿文）等有关文献记载，与建筑大师梁思成等对牛街礼拜寺始建年代的说法以及1996年宣武区人民政府曾隆重举办过"千年古寺纪念活动"的事实，在展览和书中，把该寺始建年代定为目前书刊中常见的辽统和十四年，即北宋至道二年（996年）。我们这种说法并无新意，但希望借此次举办展览和出版新书之机，再次将这个问题提出，希望引起学术界的兴趣和关注；能否通过再度深入探讨与研究，使牛街礼拜寺的始建年代，能够最终有个科学的结论。这是我们的殷切期待。

三、这次展览和图书能够得以展出和出版，是各级政府和领导、各界专家学者、众多民众热情关心和无私支持的结果，如果没有大家的齐心协力共襄义举，是难以办成的。

陈列展览是一项综合工程，需要多方面专业人员的合作。可牛街礼拜寺缺少这方面的专业人员，我们只好求助于社会上专业人员的合作与支持。像建筑与文物摄影，就是《人民日报》海外版主任记者、摄影专家李石营先生完成的；石刻与文物的拓片，是由北京石刻艺术博物馆贾瑞宏先生协助的；寺藏瓷器和木制幌子的修复，都是由首都博物馆吕淑玲、黄学文、赵利辉、孙海燕等同志耐心、细致地制作而成的。展览内容设计是由北京石刻艺术博物馆副研究馆员明晓艳、首都博物馆研究馆员马希桂完成的；形式设计由中国国家博物馆研究员周士琦、中国地质博物馆研究馆员陈开宇、首都博物馆副研究馆员程旭构思设计的；阿文翻译是《人民画报》社译审李华英先生在克服视力微弱的困难下，艰难完成的；英文翻译是由美国俄克拉荷马州立大学亚太研究所研究员程锦先生完成的；陈列大纲的图片是由北京联合

大学研究生陈曦同学、牛街礼拜寺王喆先生共同收集、整理的；有些老照片、老物件是乡老们翻箱倒柜找出送来的，尤其是原国家民委办公厅主任刘隆老先生，不顾体弱多病之躯，亲自将多年来拍的照片送到礼拜寺，让我们任意挑选使用。北京市民委主任申建军、副主任马中璞、原北京市民委主任张恕贤、原中国伊斯兰教协会副会长马云福、原中国伊斯教兰经学院副院长杨宗山、原北京市伊斯兰教协会秘书长张同良、中国社会科学院世界宗教研究所研究员冯今源、伊斯兰学者回宗正先生和牛街礼拜寺杨东文阿訇等等，都为陈列大纲撰写了书面意见，除积极肯定陈列大纲外，还提出许多中肯的修改意见。北京市伊协老领导彭年重病卧床，还艰难地提笔写来支持办展的意见。尤其是中国伊斯兰教协会会长、全国政协常委陈广元大阿訇和冯今源研究员，在百忙之中为本书作序。为举办这次展览和出版图书付出辛勤劳动者何止于此。因此我们说：无论展览或图书，都是共襄义举，均沾回赐的成果；也是回、汉、满等各民族兄弟合作、团结、友谊的结晶。借此机会，对参加这项工作或曾给予这项工作关心、支持的单位和个人，致以最真挚的谢意，道一声"塞哇布"。

阿卜杜拉·马希桂

2009年6月12日

Preface

Beijing, the ancient capital of China, is famous for its long history, brilliant culture, colorful and exotic human features. Beijing's history is built up by concord development of various nationalities and religions. "*An Old Islamic Tone—Beijing Niujie Mosque*" is a book to reflect how Islam religion developed in Beijing, also the role and function Niujie Mosque has performed in the modern metropolitan.

Niujie Mosque was built in Liao dynasty, it is an event center and a religious school of Beijing Niujie Muslim community, so all its architecture, paintings and calligraphies, as well as stone carvings are offsetting merit and craftsmanship of Chinese Muslim, thus becoming both an evidence and a conveyor of history, also a window for Chinese Muslims to communicate with the outer world and to show how CPC and the government agencies protecting Muslim under the consistent policies and arrangements. Especially in recent years, frequent exchanges have taken place with the world, Beijing received many foreign governmental delegations, journalists and tourists with various religious background , it is naturally because that over 80% of world population (4.8 billion out of 6.1 billion) are religion people, and many are Muslims, so some of them, when in Beijing, are interested in visiting or having to have their due worships at the local sites. For instance, R. Nixon, G. Bush, B. Clinton and G. W. Bush, the former presidents of USA visited Beijing Chongwenmen Church, and distinguished guests like Ayatollah Ali Khamenei, Khatami, the former presidents of Iran, Mohamed VI, the King of Morocco and Ahmed Abdallah Sambi Mohamed the former president of Comoros visited the Niujie Mosque. During 1983-2008, Niujie Mosque received 146,480 guests from overseas including 24 presidential level guests and 54 minister level guests. This data can fully prove how important a role the Niujie Mosque has been playing in Beijing and China.

In order to offer a cultural program for China and overseas guests to better access to Niujie Mosque history and culture, also promote cultural exchange and cooperation, Office of Nationalities and Religions of Xuanwu District Government and Xuanwu Islamic Association held a seminar in Niujie Community Administration in March 7th, 2007, proposed to conduct a history and culture exhibition in Niujie Mosque, which was strongly encouraged and supported by related Beijing Religions Bureau and Xuanwu District CPC and government agencies, ethic and religion circle, museum experts, and research institutions, also Akhonds, elders and local Muslims. They approached that the exhibition is to closely relate to Niujie Mosque's history, events and important people.

The book "*An Old Islamic Tone—Beijing Niujie Mosque*" is a follow-up and supplementary work based on the literature of the exhibition of "Niujie Mosque: History and Culture". Through historic development, architecture art, deposit relics, religious customs and cultural exchange in 5 chapters, the book will show readers the Mosque's history which reflecting the local Muslim's wisdom, hard working and struggle in survival and development, and their spiritual feature transmission for country and religion loving to nowadays especially after the reform and opening era. Niujie Mosque is a palace of Islam arts and culture, also an international exchange museum for Chinese Muslim culture.

Notes for this Book

1. The initial idea to edit and publish the book *"An Old Islamic Tone — Beijing Niujie Mosque"* is to expanding the effect of the exhibition by using richer materials, it is good for readers to have more time to study and reserve, especially for whom not able to attend the exhibition at that time. Though there are a plenty of books and research materials on subject of Niujie Muslim culture, the book *"An Old Islamic Tone — Beijing Niujie Mosque"* has made up with many valuable historic pictures, stone rubbing records, deposit relics and updated data and information, so we have reason to believe, it is a great complementary work in present time for researchers and people have interests in this subject.

2. According to past researches, the date of Niujie Mosque initial construction is varied in many times, such as Liao (or Song), Yuan, or Ming dynasty, but yet settled up to now. Based on the book *"A Brief Introduction of Tablet Writings on Temple Built in Past Ages for the Ancient Religion from the West"*, a tablet writing carved in 1781 (Qing dynasty), and *"Gangzhi"*, an chronicle or annual records of Beijing city in Qing dynasty, tomb stone inscription (in Arabic language) for 2 Sheikhs coming in China in Song and Yuan dynasty buried in Niujie Mosque, and research of Prof. Liang Sicheng, the famous architect in modern time, also literature of the "Millennium Memorial for Niujie Mosque" held in 1996, we propose that Niujie Mosque was built up in the year of 996 (Tonghe 14th Year of Liao dynasty or Zhidao 2nd Year of Song dynasty). It is nothing new or special, but we leave this question in this book for future researchers and sincerely hope that could arouse interest in research and approach to a satisfied result.

3. The opening of the exhibition and the publication of the book are owing to great support from related government agencies, experts and vast enthusiastic selfless Muslims, we cannot imagine any success achieved without their joint efforts. As a complicated project, the exhibition is fulfilled not only by Mosque elders and staffs, but also by external specialists from many key links. For instance, the photograph for architecture and relics is done by Mr. Li Shiying, Chief Reporter of the People's Daily Overseas Edition; stone carving and relics rubbing work is done by Mr. Jia Ruihong of Beijing Stone Carving Art

Museum; the repair work for porcelain relics and wood signs is done carefully by Ms. Lu Shuling, Mr. Huang Xuewen, Mr. Zhao Lihui and Ms. Sun Haiyan of the Capital Museum; the content design for the exhibition is done by Ms. Ming Xiaoyan, Deputy Researcher of Beijing Stone Carving Art Museum and Mr. Ma Xigui Researcher of the Capital Museum; the framework design for the exhibition is done by Mr. Zhou Shiqi, Researcher of China State Museum in cooperation with Mr. Chen Kaiyu, Deputy Researcher of China Geology Museum and Mr. Cheng Xu, Deputy Researcher of the Capital Museum; Arabic translation is done by Prof. Li Huaying, Senior Translator of China Pictorial, need to mention, he did this job with great effort in his poor eyesight; English translation is done by Mr. Cheng Jin, Researcher of Asia-Pacific Institute of Oklahoma State University; and exhibition photo layout is done with the help of Mss. Chen Xi, a newly enrolled graduate student of Beijing Union University; and some old pictures and relics are collected from local elders through digging in depth at their homes; particularly need to mention, that Mr. Liu Long, the former Director of the Office of the State Ethnic Affairs Commission, despite his weak and sickly age, he personally delivered photos he have taken and reserved during long period of time for us to select; and many pertinent suggestions for the exhibition and the book are given in writing by Mr. Shen Jianjun, Director, Mr. Ma Zhongpu, Deputy Director, and Mr.

Zhang Shuxian, former Director of Beijing Ethnic Affairs Commission, Mr. Ma Yunfu, former Deputy Director of China Islamic Association, Mr. Yang Zongshan, former Associate Dean of Chinese Islam Institute, Mr. Zhang Tongliang, former Director of Beijing Islamic Association; and Mr. Feng Jinyuan, Researcher of Institute of World Religions of Chinese Academy of Social Sciences, Mr. Hui Zongzheng, scholar of Islamic study, Imam Yang Dongwen of Niujie Mosque etc contributed valuable suggestions both to the exhibition and the book. Mr. Peng Nian, the former leader of Beijing Ethnic Affairs Commission, in his serious disease, offered his cheeron and suggestions to the exhibition. We must give our thanks to all of them mentioned above, also special thanks to Mr. Chen Guangyuan, Chairman of China Islamic Association and Standing Committee of the Chinese People's Political Consultative Conference (CPCC), and Mr. Feng Jinyuan Researcher, who wrote the forewords for this book in their busy hours. So we would like to summarize with pride, that both the exhibition and the book are solidarity fruits also symbols of cooperation and friendship of ethic Hui, Han and Man people. Now, to all joiners in these jobs, let me thank you again for your hardworking and contribution with a sincere Arabic "Saiwab".

Abdullah Ma Xigui

July 12, 2008

تشتهر بكين، العاصمة القديمة للصين، بتاريخها الطويل وثقافتها المتألقة وملامحها الإنسانية الرائعة. لقد بنيت بكين على أساس التطور المتناغم للعديد من القوميات والعقائد الدينية. <<رائعة إسلامية قديمة – مسجد نيوجيه في بكين>>، كتاب يعكس كيف تطورت عقيدة الإسلام في بكين، والمكانة التي يحتلها، والدور الذي يلعبه مسجد نيوجيه في هذه المدينة المتروبوليتانية الحديثة.

بني مسجد نيوجيه خلال فترة أسرة لياو الإمبراطورية. وهو مركز نشاطات مسلمي حي نيوجيه ببكين ومدرستهم الدينية. ولهذا فإن فنون عمارته ورسومه وفنون الخط به والنقوش الحجرية تجسد شمائل وحرفية المسلمين الصينيين، ومن ثم فإنه صار دليلا وفي ذات الوقت ناقلا للتاريخ ونافذة لمسلمي الصين للتواصل مع العالم الخارجي لإبراز كيف يحمي الحزب الشيوعي الصيني والهيئات الحكومية المسلمين وفقا للسياسات والترتيبات الثابتة. وقد شهدت السنوات الأخيرة على نحو خاص، استقبال بكين العديد من الوفود الحكومية الأجنبية والصحفيين والسائحين ذوي وغير ذوي الخلفية الدينية. وهذا طبيعي إذن أن أكثر من 80% من سكان العالم (4,8 مليارات من 6,1 مليارات) لهم عقائد، والكثير مسلمون، ومن ثم فإن البعض منهم مهتمون بالزيارة أو أداء عباداتهم في مواقع محلية. وعلى سبيل المثال فإن ريتشارد نيكسون وبيل كلينتون وجورج بوش وجورج ووكر بوش، الرؤساء السابقين للولايات المتحدة زاروا كنيسة تشونغونمن ببكين، كما أن ضيوفا كبارا مثل آية الله على خامنئي، محمد خاتمي، الرئيسين السابقين إيران، محمد السادس، ملك المغرب، وأحمد عبد الله سامبي محمد، الرئيس لجزر القمر زاروا مسجد نيوجيه. في الفترة من 1983 إلى 2008، استقبل مسجد نيوجيه 146480 ضيفا من الخارج، من بينهم 23 ضيفا على مستوى الرئيس، وأكثر من خمسين ضيفا على مستوى الوزير. هذه البيانات تثبت الأهمية التي يحتلها مسجد نيوجيه في التبادلات الثقافات الصينية والأجنبية.

ومن أجل تعريف الصينيين والأجانب بتاريخ وثقافة مسجد نيوجيه أكثر، وتعزيز التبادل والتعاون الصيني-الأجنبي، عقد مكتب القوميات والأديان في شيوانوو ببكين وجمعية شيوانوو

الإسلامية ببكين ندوة في مقر إدارة تجمع نيوجيه السكني بهدف إقامة معرض تاريخ وثقافة مسجد نيوجيه، وهو العمل الذي حظي بدعم قوي ورعاية من الحكومة المحلية والدائرة الدينية والباحثين والخبراء والأئمة والمسلمين المحليين. تقرر في هذه الندوة أن تكون محتويات المعرض مرتبطة بمسجد نيوجيه إن كتاب <<روائعة إسلامية قديمة ــ مسجد نيوجيه في بكين>> هو متابعة وعمل تكميلي يستند إلى أدبيات معرض "تاريخ وثقافة مسجد نيوجيه". وهذا الكتاب من خلال وصفه للتطور التاريخي وفن عمارة والمقتنيات الأثرية والعادات الدينية والتبادل الثقافي في خمسة أبواب، يبين للقراء عبر تاريخ المسجد حكمة المسلمين المحليين وعملهم الشاق وكفاحهم من أجل البقاء والتطور، ومسيرة المسلمين المحليين لتوارث وتطوير خصائصهم الروحية لحب الوطن والدين بعد حقبة الإصلاح والانفتاح.

مسجد نيوجيه ناقل لثقافة الإسلام، وقصر للفن وللثقافة، ومتحف للتبادل الدولي لثقافة المسلمين الصينيين.

ملاحظات حول هذا الكتاب

1- الفكرة المبدئية لتحرير ونشر كتاب <<روائعة إسلامية قديمة ــ مسجد نيوجيه في بكين>> هي توسيع تأثير معرض "تاريخ وثقافة مسجد نيوجيه" من خلال توظيف مواد أكثر ثراء، ولإتاحة وقت أكثر للقراء للدراسة والحفظ، وبخاصة بالنسبة لمن ليس في استطاعتهم حضور المعرض هذه المرة. على الرغم من وجود وفرة من الكتب ومواد البحث في موضوع ثقافة مسلمي نيوجيه، إلا أن كتاب <<روائعة إسلامية قديمة ــ مسجد نيوجيه>> يشتمل على العديد من الصور التاريخية، سجلات حجرية ومحكوكات، مقتنيات أثرية وبيانات ومعلومات محدثة. ولهذا فإننا نعتقد أنه عمل تكميلي عظيم في الوقت الحاضر للباحثين وللمهتمين بهذا الموضوع.

2- وفقا للبحوث السابقة، ثمة اختلاف في تاريخ إنشاء مسجد نيوجيه، من أسرة لياو (سونغ)، أسرة يوان وأسرة مينغ، ولم يتحدد ذلك إلى الآن. تأسيسا على كتاب "تقديم موجز لكتابات اللوحات حول المعابد التي بنيت في العصور السابقة للديانات القادمة من

الغرب"، الذي نقش سنة 1781 (أسرة تشينغ)، وحوليات "قانغتشي" وهي سجلات سنوية لمدينة بكين في فترة أسرة تشينغ، ونقوش(بالعربية) على شاهدة قبر شيخين قدما إلى الصين في فترة أسرة سونغ وفترة أسرة يوان ودفنا في مسجد نيوجيه، وبحث للبروفيسور ليانغ سي تشنغ، المعماري المشهور في العصر الحديث، وأدبيات "الذكرى الألفية لمسجد نيوجيه"، التي أقيمت سنة 1996، فإننا نرى أن مسجد نيوجيه بني حوالي سنة 996 (تونغخه، السنة الرابعة عشرة لإمبراطورية لأسرة لياو، أو تشيداو، السنة الثانية لأسرة سونغ الشمالية) لا شيء جديد أو خاص، وإنما نترك هذا السؤال للبحوث المستقبلية ونأمل أن يتم الوصول إلى نتيجة مرضية.

3- الفضل في افتتاح المعرض ونشر الكتاب يعود إلى دعم الهيئات الحكومية المعنية وإلى المسلمين المعطاءين المتحمسين. إننا لا نتخيل أي نجاح يمكن تحقيقه بدون جهودهم المتضافرة.

إن المعرض، كونه مشروعا معقدا، تحقق ليس بجهود كبار المسجد والعاملين به فقط وإنما أيضا بجهود متخصصين من خارجه من جهات شتى. على سبيل المثال، جاءت صور العمارة والمقتنيات الأثرية من السيد لي شي ينغ، الصحفي الكبير بالطبعة الدولية لصحيفة رنمين (الشعب) اليومية، والنقوش الحجرية والمحكوكات الأثرية من السيد جيا روي هونغ، من متحف النقوش الحجرية ببكين، تنظيم المنتجات الخزفية المحفوظة في المسجد السيد ليوى شو تشن والسادة هوانغ شيوية ون تشياو لى هوى تسون هاى يان من متحف العاصمة، وقام بعمل تصميم محتويات المعرض السيدة مينغ شياو يان، الباحثة المساعدة بمتحف النقوش الحجرية ببكين، والسيد ما شي قوي، الباحث بمتحف العاصمة، وقام بعمل التصميم الإطاري للمعرض السيد تشو شي تشي، الباحث بمتحف الصين الوطني والسيد تشن كاي يو، الباحث بالمتحف الجيولوجي الصيني والسيد تشن شيوي، الباحث المساعد بمتحف العاصمة. وقام بالترجمة إلى اللغة العربية البروفيسور لي هوا ين، المترجم الكبير بمجلة الصين المصورة، ومن نافلة القول أنه قام بهذا العمل بمجهود عظيم برغم ضعف

بصره. وقام بالترجمة إلى اللغة الإنجليزية السيد تشنغ جينغ، الباحث بمعهد آسيا- المحيط الهادي بجامعة ولاية أوكلاهاما، وتم جمع صور المعرض بمساعدة الآنسة تشن شي، وهي طالبة دراسات عليا بجامعة الاتحاد ببكين، والسيد وانغ تشه، العامل في مسجد نيوجيه، وتم جمع بعض الصور والآثار القديمة من المسنين المحليين بالتنقيب عميقا في بيوتهم، وغني عن الذكر أن السيد ليو لونغ، المدير السابق للجنة الدولة للشؤون القومية، على الرغم من اعتلال صحته وتقدمه في العمر قدم الصور التي التقطها وحفظها خلال فترة طويلة من الزمن لنختار منها، والعديد من المقترحات القيمة للمعرض والكتاب، وقدم لنا اقتراحات مكتوبة السيد تشانغ شو شيان، مدير مكتب الشؤون القومية ببكين، والسيد ما تشونغ بو، نائب رئيس مكتب الشؤون القومية ببكين، والسيد ما يون فو، نائب مدير الجمعية الإسلامية الصينية، والسيد فنغ جين يوان، الباحث بمعهد ديانات العالم بالأكاديمية الصينية للعلوم الاجتماعية، والسيد هوي تشونغ تشنغ، أستاذ الدراسات الإسلامية، والإمام يانغ دونغ ون من مسجد نيوجيه والسيد ما يوي تيان. السيد بنغ نيان، الرئيس السابق للجمعية الإسلامية بكين، برغم مرضه الخطير، قدم اقتراحا للمعرض. علينا أن نقدم شكرنا لكل من ذكرناهم أعلاه، والشكر الخاص إلى السيد تشن قوانغ يوان، رئيس الجمعية الإسلامية الصينية وعضو اللجنة الدائمة للمؤتمر الاستشاري السياسي للشعب الصيني، والسيد فنغ جين يوان، اللذين كتبا مقدمات الكتاب والمعرض برغم انشغالهما. ومن هنا فإننا نوجز في فخر بأن المعرض والكتاب ثمرتان تضامنيتان ورمزان للتعاون والصداقة بين أبناء قومية هوي وقومية هان وقومية مان. الآن، لكل من تكاتفوا لهذين العملين، اسمحوا لي أن أشكركم مرة أخرى على عملكم الشاق ومساهمتكم. أثابكم الله

عبد الله ما شي قوي

12 يوليو 2008

第一章

历史沿革
Historical Development
تطور التاريخ

伊斯兰教于7世纪中期，由阿拉伯、波斯和中亚的穆斯林商人、贡使及学者，通过丝绸之路和海上香料之路传入中国。他们大多留居在中国的沿海城市及京师一带，史称"番客"。到13世纪初，又有一批批中亚各族穆斯林将士随回师的西征蒙古军相继来到中国，散居全国各地与信仰伊斯兰教的"土生番客"融为一体，并与当地其他民族联姻、繁衍后代，形成"回回民族"（元史称之为"回回人"）。清真寺，正是为这些信仰伊斯兰教的穆斯林进行宗教生活而建立的。

As a religion, Islam was introduced into China in mid-7th century by merchants and tribute missionaries from Persian, Arabic and other middle-east countries, basically through famous Silk Road on the land and Spice Road on the sea. For business or diplomatic purposes, they mainly stayed and lived around the capital and coastal areas in China with their Islam religion existence there for long. They were then called "Fanke", which meaning foreign guests. In early 13th century, many Muslim groups entered China along with Mongolian troops on their returning trip of the Mid-East March one after another, and then merged with local scattered "Fanke", also allied with other ethics by marriage and breeding their descendants then forming the ethic Hui in China which called "HuiHui" people in Yuan dynasty (1271 - 1368). And the mosques are for Muslims to perform their worship life.

دخل الإسلام إلى الصين في أواسط القرن السابع الميلادي عن طريق الحرير وطريق البخور البحري على أيدي المسلمين القادمين من بلاد العرب والفرس وآسيا الوسطى بمن فيهم التجار الصين الساحلية غالبا ما يستوطنون مدن والمبعوثون لتقديم الإتاوات والعلماء. وكانوا فانكه" (الضيوف الأجانب). وفي أوائل القرن الثالث عشر وعرفوا باسم" وعاصمتها. الميلادي تدفقت إلى الصين جماعات من أبناء القوميات المسلمة في آسيا الوسطى مع قوات المنغول العسكرية وأجهزتهم الإدارية فاستقروا في المدن والقرى على أراضي البلاد المترامية الأطراف، بصورة مبعثرة حيث ذابوا مع" خلف فانكه"(الضيوف الأجانب من المواليد المحليين) من المسلمين في كيان واحد. وفي نهاية المطاف شكلوا مع أبناء سائر القوميات المحلية قومية متطلعة إلى العلاء دوما وأبدا. معروفة باسم"هوي هوي"، نتيجة لتأثرهم بالاندماج القومي الذي من المستحيل تفاديه، عبر التزاوج والتكاثر فيما بينهم ردحا طويلا من الزمن. ونظرا لأن أبناء هذه القومية الجديدة المعروفين باسم"أهل هوي هوي" كانوا منتشرين داخل سور الصين العظيم وخارجه.. شمال نهر اليانغتسي و جنوبه فقد شاع قول" انتشار (أهل هوي هوي) في كل أنحاء البلاد في عهد أسرة يوان". وفي ظل ذلك بني كثير من المساجد في الصين تيسيرا لممارسة عباداتهم

第一章
历史沿革
Historical Development

تطور التاريخ

一 地理位置

　　有着千年历史的牛街礼拜寺，坐落在北京市宣武区牛街18号。坐东朝西，西临牛街，东靠牛街民族敬老院，北邻输入胡同，南接春风小区。为全国重点文物保护单位。

　　历史上的宣武区是战国燕都蓟城所在地，是辽代陪都、金代中都、明京城的宣南坊、清京师的南城。元、明、清以来，北京成为全国的政治、经济、文化中心。牛街礼拜寺位于宣武区东南部，即"彰仪门（今广安门）内牛街路东"[1]。唐末宋初，牛街地区因地势低洼，河湖众多，杨柳遍布而被称为"柳河村、柳湖村"；又因河道旁有高岗，也被叫做"岗儿上村"。后来逐渐形成了街道，住上了稠密的居民，经元、明、清历代发展，逐渐成为北京地区最著名的回民聚居区。现在的牛街一带正是元明时期

牛街礼拜寺鸟瞰

[1] 《北京市志稿·宗教卷》，第311页，燕山出版社，1998年。

柳河村的旧址。

　　"牛街"一名始于清代。明朝嘉靖年间，这里还是一片枣林，尚未成街。只是在人们踩踏出的土路两侧有一些稀疏的房屋。到了清代，人口逐渐密集，形成了街巷，使这条街道繁荣起来。由于这一地区的人们喜种枣树和石榴树，便逐渐把东西走向的一条街称为"枣树林"，把南北走向街叫"榴街"。又因回民多经营牛羊肉业，所以习惯就将"榴街"谐音成了"牛街"。1949年以后，该地区以"枣林"

牛街礼拜寺地理位置示意图

命名的几条街巷，覆盖了这一带的大片地区。如枣林前街、枣林后街、枣林斜街、枣林北里、枣林夹道、枣林一巷、枣林二巷、枣林三巷、枣林西里等。如今枣林前街北部的枣林斜街、枣林北里、枣林夹道等街巷，已从北京的版图上彻底消失了，取而代之的是高楼林立的住宅小区，而枣林前街也已变成了宽阔的通衢大道，其东起牛街南口，西到广安门内南顺城街，西段与南线阁街、菜园街相交，东段与白广路相交，总长约1150米。

　　牛街礼拜寺的门牌号码也随着城市的发展而变迁，1958年北京市文化局组织专业人员进行了新中国建国后北京地区的第一次文物普查，据《文物古迹调查登记表》[1]记载，"牛街礼拜寺位于牛街89号"，"大门前有四柱三楼木牌坊一座，劈山顶，筒瓦，明楼为清水脊，旁楼为箍头脊，丁头拱云雀替，额坊上有博古和风景彩画，明间额坊上有木匾"达天俊路"。牌楼南北横跨于一石桥上，石桥也有望柱四根，莲花形望柱头，西头有桥翅，东头接大门"。"西为牛街，其余三面为民居"。我们还从20世纪80年代的文献中发现，牛街礼拜寺的门牌号也曾用过"81号"，但是对牛街礼拜寺的地理位置、建筑的描述都没有改变。

牛街礼拜寺正门

牛街礼拜寺正门[1] (1935年)

全国重点文物保护单位

牛街礼拜寺

中华人民共和国国务院
一九八八年一月十三日公布
北京市文物事业管理局一九九零年十月立

牛街礼拜寺全国重点文物保护单位标志

---

[1] 北京市宣武区档案馆资料。

⬡ 始建年代

　　关于牛街礼拜寺的始建年代，始终是学术界讨论的焦点，至今没有定论。有的学者认为牛街礼拜寺的历史不足千年，其始建于元朝，也有的学者认为牛街礼拜寺始建于明朝。潘梦阳在《伊斯兰与穆斯林》一书中说到："牛街礼拜寺是北京市规模最大、历史最悠久的一座清真寺。它建于辽统和十四年（北宋至道二年即公元996年）。"尽管学术界对牛街礼拜寺始建年代说法不一，但是都认为牛街礼拜寺是北京地区最早的清真寺。本书采用辽统和十四年（996年）的说法，原因有二：

　　（一）从目前已经发现的文献中推论。首先，中国国家图书馆藏清乾隆四十六年（1781年）刻《古教西来历代建寺源流碑文总序略》碑拓片记载，牛街礼拜寺"始建于北宋太宗至道二年(996年)，即辽圣宗统和十四年，由阿拉伯筛海革哇默定次子那速鲁丁建造"。其次，清代北京牛街志书——《冈志》中载："牛街礼拜寺肇于宋朝，由筛海纳苏鲁丁奉敕所建。"再次，1958年北京市文化局《文物古迹调查登记表》（编号：初1203）记载：牛街礼拜寺"窑殿属宋代建筑，内有壁画，为宋时物，其余都属明建筑"。第四，牛街礼拜寺内的两个宋元时期筛海墓碑文记载：一名称艾哈迈德·布尔塔尼，伽色尼人。另一名为阿里·依玛顿丁，布哈拉人。二人先后卒于教历679年（至元十七年，即1280年）和教历682年（至元二十年，即1283年）。第五，《北京日报》2007年2月20日载："20世纪前期，建筑大师梁思成到过牛街礼拜寺，受到教长李宗庆阿訇和著名学者尹伯清的接见。"梁思成走进窑殿惊奇地说："这里居然还保存着宋制的作品。"第六，《北京市志稿·宗教卷》第311页载："牛街礼拜寺在彰仪门内牛街路东。寺肇于有宋，筛海纳苏鲁丁奉敕所建也。"

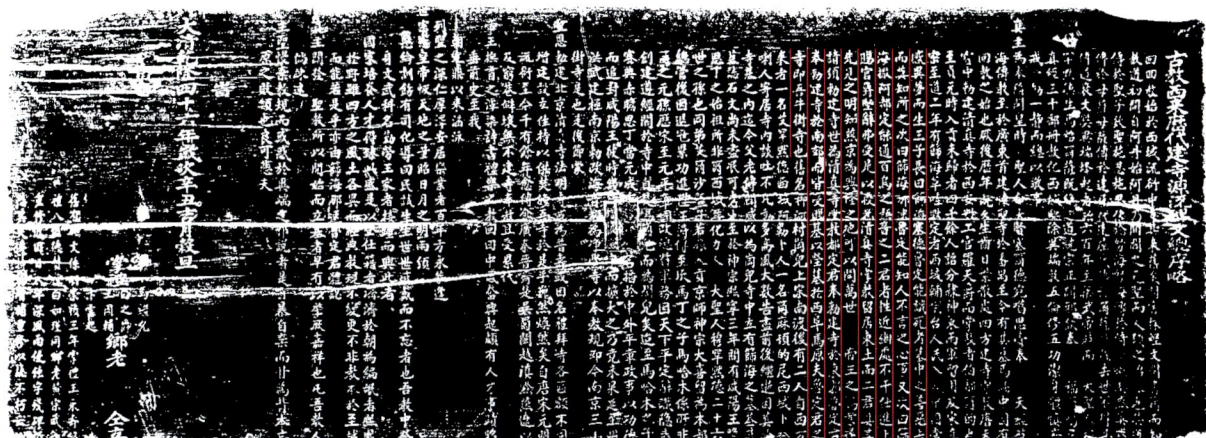

《古教西来历代建寺源流碑文总序略》碑拓片[1]

《北京牛街志书——〈冈志〉》[2]书影

《北京牛街志书——〈冈志〉》中记载牛街礼拜寺略历："肇于宋朝，有筛海那速鲁定奉教所建立。缘宋太宗时，有筛海革哇默定者，西域辅剌台人氏，来东土传教，生有三子，长子筛海赛德鲁定，次子即筛海那速鲁定，三子筛海撒阿都定。其异禀而有异能，性喜居避〔僻〕静处，不干仕进，上赐官爵，坚辞弗受，因授清真寺掌教，留居东土。后赛德鲁定传教远出各方，不知所终。那速鲁定与撒阿都定知燕京将为兴隆之地，请敕建该礼拜寺于南郊，即牛街寺"。

[1] 录文见本书第206～209页。

[2] 北京市政协文史资料研究委员会、北京市民族古籍整理出版规划小组编，刘东声、刘盛林注释：《北京牛街志书——〈冈志〉》，北京出版社，1990年。

礼拜大殿窑殿内景

牛街礼拜寺筛海墓

筛海艾哈麦德·布尔塔尼墓碑拓片
长72、宽45厘米

筛海阿里·依玛顿丁墓碑拓片
长68、宽37厘米

译文[1]：

　　宇宙是最高主权者。是为曾在尘世努力于善道者之墓，为遵行主命以希乐园者之乐园，为竭其毕生之力以从事于主道者之归宿处。宗教之光明，伽色尼人，名穆罕默德之子阿哈默德·布尔塔尼，彼实适于此慈祥之日而逝世，阿拉伯之五月五日聚礼二，为迁都之六百七十九年[2]。愿仁慈之至准其善功而宥其过错。

译文[3]：

　　凡生物尝死。是为总集诸贵之伊玛目之墓。布哈拉人，法官尔马顿迪尼之子阿里，愿创造者施恩者的慈祥及于宗教之有力宣传者，其人即报善信者，实适弃此尘世于六百八十二年十月二十五日[4]聚礼一。

---

[1][3]《中国回族金石录》，第445页，宁夏人民出版社，2001年。
[2] 为回教教历，即元世祖至元十七年八月（1280年）。
[4] 为回教教历，即元世祖至元二十年（1283年）。

牛街礼拜寺
北宋时阿拉伯学者创建

牛街礼拜寺是我国著名的伊斯兰教清真古寺。辽圣宗统和十四年（北宋太宗至道二年，公元996年），由入觐中国传播伊斯兰教的阿拉伯学者纳速鲁定创建。它融合了中国民族建筑的特点和伊斯兰教建筑的风格。专家介绍，现在寺内大部分建筑都是后来改建的，而礼拜大殿附设的"窑殿"是辽代所建。

20世纪前期，建筑大师梁思成在考察古寺时，来到过牛街礼拜寺。当时正任教长的李宗庆大阿訇和牛街回族著名学者尹伯清先生接见。尹伯清首先问梁先生为什么不去唐代建造的法源寺考察，梁思成说，在北京史书文献中记述法源寺的资料非常多，所以不用去了。记载牛街礼拜寺的历史资料太少了，所以我很早就希望来贵寺参观。梁先生走进窑殿内，惊奇地说：这里居然还保存着宋制的作品！可贵！可贵！他指出藻井、彩画及龛橱的宋代做法及其特点。

大师说的彩画，在窑殿进门的回首梁上，共六幅。为了保持此画宋代原样，回族先辈们代代叮嘱在维修大殿时，一定不要重绘油饰此画。所以这些宋画至今保持着古老风貌。

殿内南北两侧各有一扇阿拉伯文镂空木雕棂窗。阿文书法精美，木雕技法俊秀，是此殿今存的一件公元10世纪的文物珍品。

据说曾有埃及学者来参观时说，就是在埃及能写出这么好的书法的人也不多了。

2007年2月20日《北京日报》

《北京日报》载文《牛街礼拜寺北宋时阿拉伯学者创建》中记述"梁先生走进窑殿内，惊奇地说：这里居然还保存着宋制的作品！可贵！可贵！他指出藻井、彩画及龛橱的宋代做法及其特点"。

　　（二）从曾举办过"千年古寺纪念活动"的事实出发。1996年，牛街礼拜寺曾隆重地举行了"千年古寺纪念活动"，并发行纪念画册，国内外媒体也争先报道了这一盛况，在穆斯林世界产生了深远的影响。

牛街礼拜寺隆重举行"千年古寺纪念活动"（1996年）

（三）历代修建

牛街礼拜寺建于宋辽，历经金、元、明、清、民国各时期扩建与修缮，使其整体布局集中、严谨、对称，逐渐形成了今日的规模。

1．宋辽

辽咸雍、宋熙宁年间(1068~1077年)，坎马丁之子马哈茂创建尊经阁，亦称邦克楼。明弘治九年（1496年）重建，用于礼拜前阿訇登楼呼唤教众前来礼拜，故又称"宣礼楼"或"唤礼楼"。

2．明代

宣德二年(1427年)，翻修扩建礼拜寺。

正统七年(1442年)，增建对厅（七间房），相传同时修建了南北讲堂。

弘治九年（1496年），重建邦克楼，翻修大殿、新建两座碑亭及南北围廊，并将两座大殿连接在一起，初步形成了今天的勾连搭建筑形式。

3．清代

清康熙十五年(1676年)，进行大规模修葺。

清康熙三十五年(1696年)，再次大修，大殿东部接建抱厦三间。康熙皇帝题"敕赐礼拜寺"[1]。

清光绪二十八年（1902年），又一次修葺，新建东院后殿。奠定了今日礼拜寺的规模。

4．民国

民国十年(1921年)，礼拜寺集资翻修南北讲堂，增建殿前南北走廊，扩建男沐浴室（俗称男水房）。

民国二十七年（1938年），礼拜寺再次集款修缮。

---

[1] "清康熙三十五年岁次丙子夏五月二十七日重修一次，重修人王道弘，监工人刘明亭、马西庵。" "以上重修年月日，系载于大殿瑶伊尔拉卜后墙上抄来。"（《北京牛街志书——〈冈志〉》，第61页）

邦克楼

对厅　俗称东大厅、七间房。原为讲经、议事、集会处所。现为接待国内外来宾，陈列珍贵经卷、文物、礼品并作重要集会之用。

南讲堂(原名阐一堂)　始建于明代，现存建筑为民国十年（1921年）翻修。

"善庆堂"匾 清

北讲堂(原名善庆堂) 始建于明代，现存建筑为民国十年（1921年）翻修。

南碑亭　始建于明弘治九年(1496年)，内立有明弘治九年六月刻"敕赐礼拜寺增修碑"。

北碑亭　始建于明弘治九年(1496年)，内立有明弘治九年六月刻"万古流芳"碑，碑文为汉、波斯两种文字。

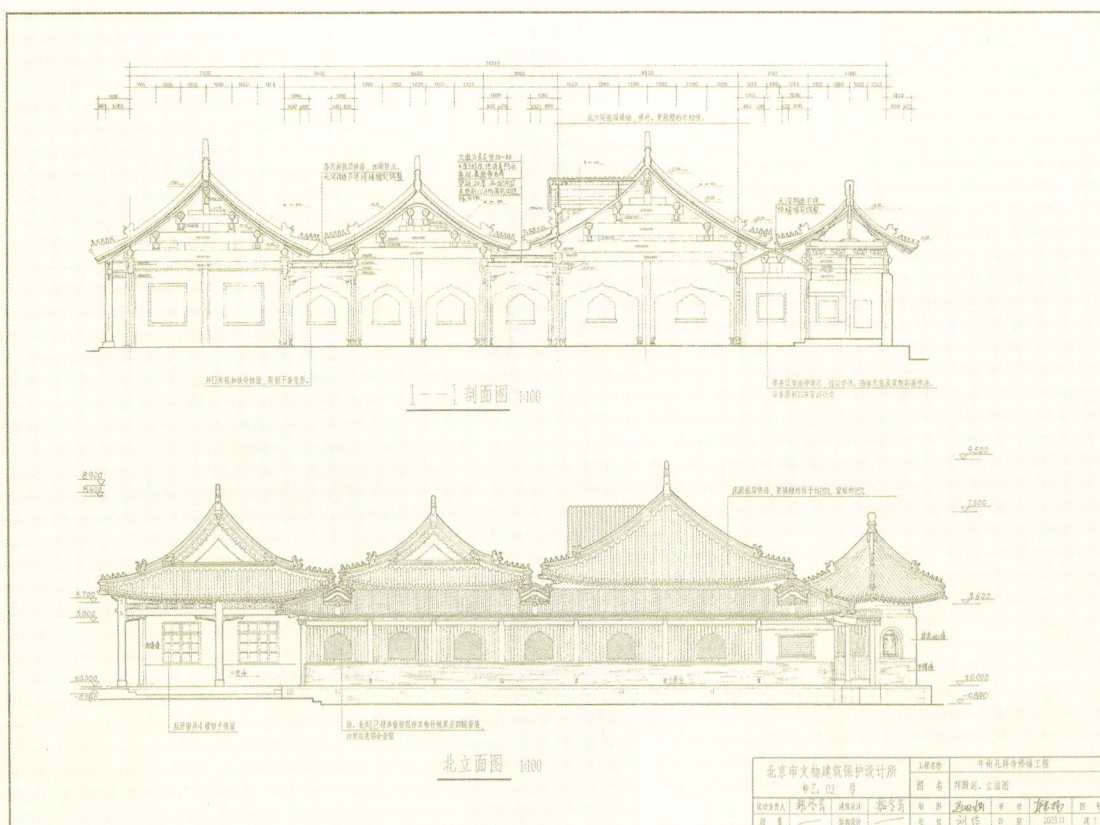

礼拜大殿剖、立面图

礼拜大殿殿顶

《敕赐礼拜寺记》碑　明万历四十一年(1613年)，
位于南讲堂廊内。

碑阴额"敕赐礼拜
寺记"拓片

碑阳拓片

礼拜大殿抱厦

20世纪30年代礼拜大殿抱厦

东院后殿(礼拜副殿)

南走廊

《工程歌》[1]清

开天古教有根恒，　达天俊路笃群生。
克己复礼先净体，　五时朝拜念真经。
上楼看月目观西，　南出北入是古规。
百兽青松如大典，　四道天罗赛河渠。
玉河桥梁石出头，　珍珠卷帘水倒流。
钟不求声棋不扶，　年迈老人喜不忧。
一出五门一道墙，　一股清泉分两旁。
一对石碑凿千古，　一对宝库厅内藏。
月台之上三座亭，　明三暗五到十层。
殿佐殿右十八柏，　南北讲堂衬大厅。
万岁牌顶悬圣旨，　两边相配半驾銮。
寺里寺外八眼井，　八道红门不上拴。
遵守古制站连班[2]。

寺内古井遗迹　礼拜寺没有自来水前，穆斯林均使用井水沐浴。

男沐浴室

"涤虑处"匾额

　　始建于民国十年（1921年）。又称男水房，是穆斯林沐浴之所。"涤虑"二字道出穆斯林沐浴不仅应洁净其身，更要涤除杂念，洁净心灵。其匾额为回族著名人士马维清所书。

[1] 北京市政协文史资料研究委员会、北京市民族古籍整理出版规划小组编，刘东声、刘盛林注释：《北京牛街街志书——〈冈志〉》，第61页、北京出版社，1990年。
[2] "连班"指阿訇与乡老站在一起成班领拜。"独班"指礼拜时阿訇站在乡老前最前边单独领拜。见北京市民委史志办公室、北京市伊斯兰教协会编：《北京的回族与伊斯兰教史料汇编》，第257页，1996年。

5．新中国成立后

1949年新中国成立后，人民政府十分关心穆斯林的宗教生活和礼拜寺的保护工作，多次拨款对礼拜寺进行修缮。尤其是2004年以来，国家拨巨款对该寺进行了有史以来规模最大的一次全面修缮：复建了东院东房；扩建男沐浴室、锅炉房；古建进行全面维修、彩绘、贴金；增加消防、避雷等安全设施；并将危改拆迁后的寿刘胡同清真女寺异地还建；同时，将原属牛街礼拜寺寺产的牛街民族小学校址退还给礼拜寺，使全寺占地面积扩大近一倍。1979年8月21日被北京市政府公布为市级文物保护单位；1988年被国务院公布为国家级文物保护单位。

全国政协主席贾庆林在北京市委书记刘淇陪同下了解牛街礼拜寺修缮规划(2003年1月)

游廊彩绘贴金

建设中的东院东房

建成后的东院东房

马福祥题"清真女寺"匾额

寿刘胡同清真女寺

原位于宣武区寿刘胡同39号，建于民国，是北京地区最早的清真女寺[1]。当时因牛街聚居的回族教胞多经营小商品，居室狭小，男人有礼拜寺沐浴礼拜，一般妇女沐浴困难。于是闵德仁发起，马志清捐献寿刘胡同空地一块，水井一眼，购料施工，于民国十一年（1922年）建成。后由于牛街地区旧房改造，2005年9月在牛街礼拜寺内异地还建，2006年10月24日竣工。"清真女寺"匾额为马福祥手书。

马福祥（1876～1932年），字云亭，回族，临夏县韩集阳洼山人。6岁入清真寺诵经，8岁入私塾习文，光绪二十二年（1896年）以乡试第二名考中武举人。1900年8月，与兄马福禄率队与八国联军激战于北京正阳门，京城失陷后，慈禧挟光绪帝西逃，马福祥随驾扈从至西安，担任宫廷警卫。先后任清甘肃庄浪协镇守使、陕甘督标中协、西宁镇总兵、阿尔泰护军使、巴里坤镇总兵、宁夏护军使、绥远都统、西北边防会办、国民党军事务员会委员等职。民国十七年（1928年）春，被选为中央执行候补委员和国民政府委员，后历任国民政府青岛市市长、安徽省主席、蒙藏委员会委员长等职。民国二十一年（1932年）8月19日病逝，终年56岁，葬于北平（今北京）阜城门外三里河。

还建清真女寺开工典礼上，建设、监理单位工程人员与乡老们合影

[1] 佟洵：《北京清真寺文化的形成与发展》，《中国穆斯林》，2004年第3期。

北京市委常委、统战部部长尤兰田等祝贺清真女寺竣工（2006年11月）

还建后的清真女寺外景（2006年）

清真女寺内景

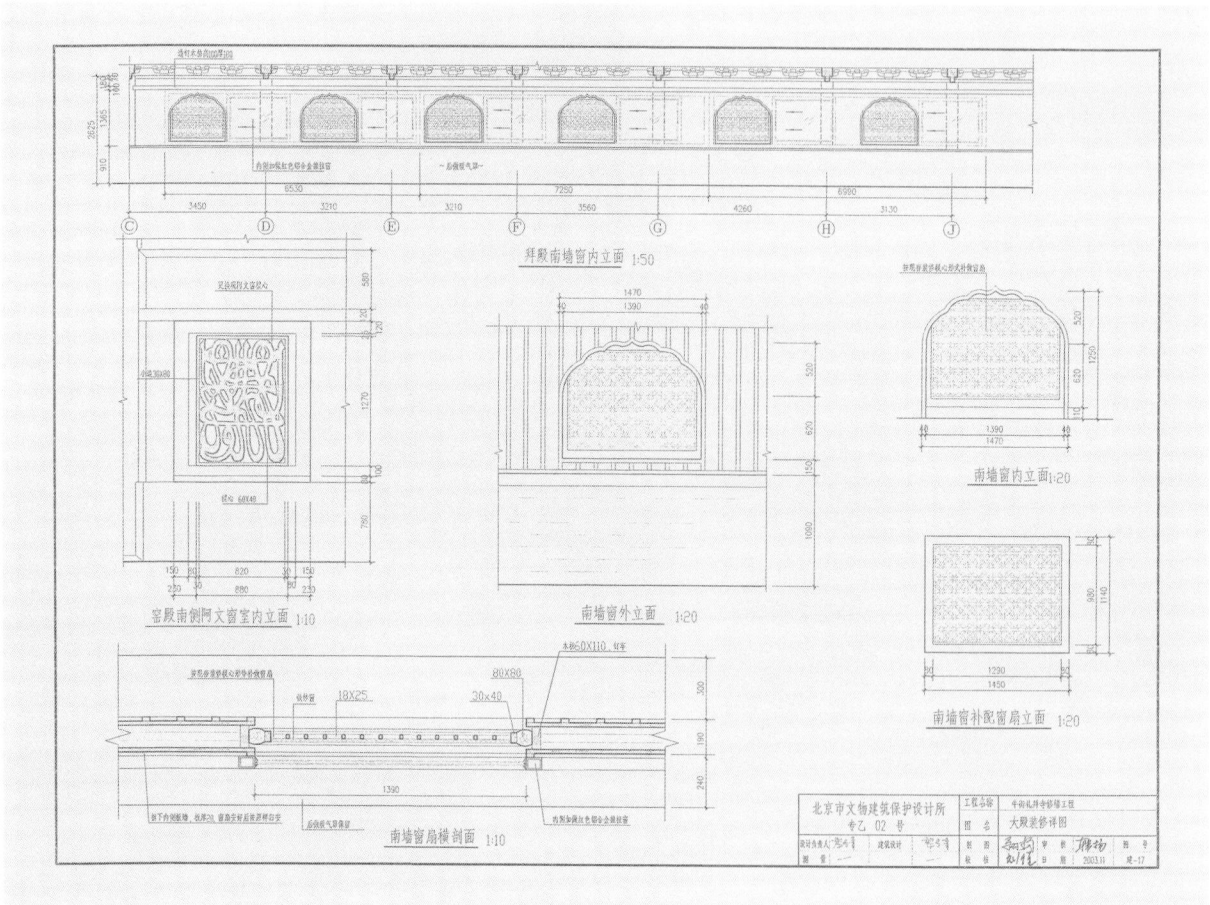

2004年大殿装修详图

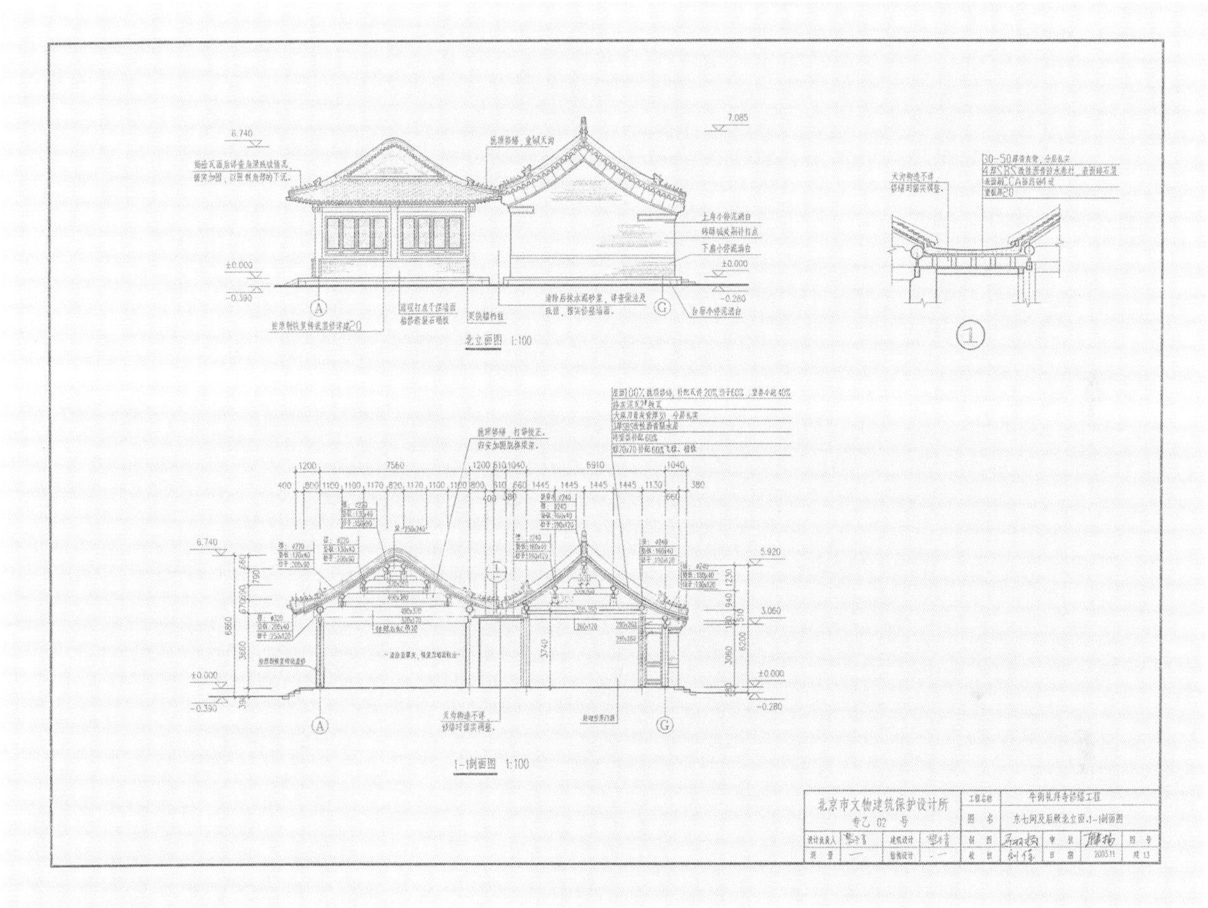

北立面图 1:100

1-1剖面图 1:100

①

北京市文物建筑保护设计所
专乙 02 号

2004年东七间房（对厅）及后殿北立、剖面图

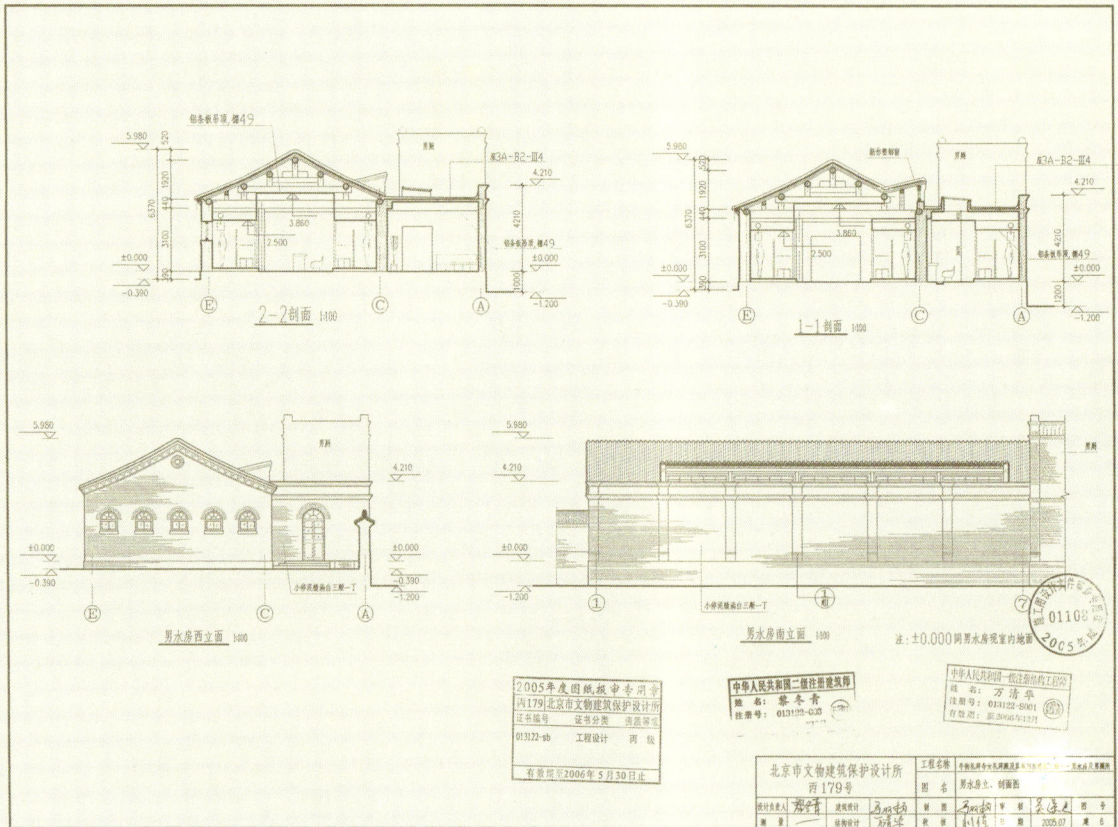

2005年男水房（沐浴室）装修立、剖面图

表一　　　　牛街礼拜寺1955～2006年修缮一览表

修缮时间	主要修缮内容	经费来源	金额
1955年	全面修缮	北京市政府	
1978年	礼拜大殿	北京市政府	
1979～1980年	照壁至东大厅的各古代建筑；重点修葺礼拜大殿	北京市政府	40万元 黄金50两
1995～1996年	修缮寺内现存古建并编制保护规划；引进管道煤气；新建二层阿訇宿舍；装修东大厅	北京市政府 宣武区政府	300万元
1999年	寺内地面铺石；邦克楼两侧增设汉白玉围栏；维修筛海墓	沙特亲王、利雅德省省长苏莱曼亲王捐赠	20万美元
		沙特大使 优素福·麦德尼 捐赠	4.5万美元
2004～2006年	全面修缮、重新彩绘古建；改扩建男水房、锅炉房；新建东院东房；还建清真女寺	北京市政府 北京市文物局 宣武区政府	2509.38 万元

6．各级政府领导对牛街礼拜寺的重视与关怀

建国以来,各级政府和领导对牛街礼拜寺的古建维修与保护、设备与环境、宗教活动与民生、宗教职业者的生活与起居等都给予多方面的重视与关怀,使牛街礼拜寺的各项活动得以顺利、圆满地进行,成为贯彻民族宗教政策、开展宗教活动以及中外文化交流与增进友谊的重要平台与窗口。

全国政协主席贾庆林到牛街礼拜寺视察工作（2004年）

国务院副总理回良玉出席2007年古尔邦节招待会,与薛天利大阿訇亲切交谈

2009年7月11日北京市委书记刘淇在牛街礼拜寺调研

刘淇为牛街礼拜寺题词"民族团结,宗教和睦"（2009年7月11日）

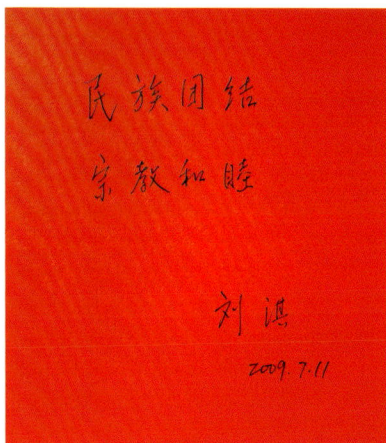

北京市政协主席阳安江在宣武区政协主席张文华陪同下视察
牛街礼拜寺，与薛天利大阿訇合影(2006年)

北京市委副书记李志坚到礼拜寺视察工作，与安士伟大阿訇
亲切交谈(1996年)

北京市政协副主席、市委统战部部长沈仁道出席牛街礼拜
寺建寺千年庆祝活动，与薛天利大阿訇等合影(1996年11月)

北京市委常委、宣传部长龙新民到牛街礼拜寺视察，听取陈
广元大阿訇汇报寺务工作

北京市委常委、统战部部长牛有成视察牛街礼拜寺 (2008年)

北京市委常委、统战部部长尤兰田与牛街礼拜寺阿訇和宣武
区伊斯兰教协会工作人员在2007年新春联欢会上合影

（四）寺院管理

牛街礼拜寺自辽至民国时期均为掌教管理，即"三掌教制"，亦称"三道制"。"三掌教制"多为世袭，后改为由乡老们推举。1958年后，中国进行宗教制度改革，废除了"三掌教制"，牛街礼拜寺成立了"民主管理委员会"，全面负责寺院的管理。

1．掌教管理

"三掌教制"约形成于南宋末期，元代基本完备。是中国伊斯兰教清真寺的重要组织形式，由伊玛目、海推布、穆安津宗教人员构成清真寺的"三掌教"。伊玛目为掌教，是清真寺的宗教领袖。明清两代，清真寺"三掌教"的任命，要由清真寺向礼部清吏司申请领取冠带住持"札副"（任命状），经核实批准后颁布"札副"，方可上任，否则，被视为违法。

按明朝制度，凡礼拜寺大掌教必须持有礼部发给的"札副"。其初次取得或再度换取之手续，非常繁难，一旦获得"扎副"，"一切差徭，概在蠲免之列。"[1]当代学者杨永昌先生在《漫谈清真寺》一书中，为我们记录了一份牛街礼拜寺明代"札副"，他写道：从北京牛街礼拜寺保存下来的一份晚明时期的"札副"史料看，当时争夺三掌教职位的斗争也是很激烈的，世袭掌教职位的争夺从未间断过。明崇祯三年（1630年），牛街教民许林等，向当时明中央政府礼部保举王永寿、巴继德、白汝瑾三人为牛街礼拜寺住持（伊玛目）、协教（海推布）、赞礼（穆安津）。札副中记载："职等俱系回回教门，切遵旧制，原为敕建礼拜寺，坐落宣南地方，历蒙部给住持、协教、赞礼各一人，领众焚修，祝延圣寿无疆，祈祷地方宁静。凡遇有本寺有缺，许本教官员士庶人等保举。代代相传，遵奉年久。今因本寺协教八光祚去年病故，赞礼王永寿

[1] 李兴华、冯今源编：《中国伊斯兰教史参考资料选编》（1911～1949年），上册中《敕赐清真寺的五百年》。

师兄白继祖今年病故，见今王永寿系先年已过住持王相之嫡孙，自幼习读经书，深通教典，乡评雅众，精研焚修，身家良善，毫无违碍，堪合顶补已过师兄白继祖冠带住持名缺，巴继德礼合顶补故父巴光祚协教名缺，白汝瑾礼合顶补赞礼王永寿名缺，皆系顺挨，并无搀越[2]。元明时代三掌教是世袭制，1958年"三掌教制"废除后，习惯上把首席阿訇称为"教长"。据不完全统计，牛街历史上共有44人次，39人任掌教（伊玛目），8人任教长。

20世纪40年代牛街礼拜寺阿訇在大殿前合影

20世纪70年代王瑞兰阿訇（左起第7位）与乡老在礼拜寺合影

表二　　　　　　　　　中国伊斯兰教清真寺掌教职责表

名　称	别　名	职　责
掌　教	伊玛目、教长	掌管教务；率领教众礼拜；主持公共性的宗教仪式与活动；管理寺院公产、公共墓地；教授海里凡(学员)
二掌教	海推布	讲经宣教；司掌劝谏
三掌教	穆安津	宣礼员。礼拜时辰到来时，专司召唤教众上寺礼拜

[2] 杨永昌：《漫谈清真寺》，第25～28页，宁夏人民出版社，1981年。

表三 牛街礼拜寺996～1949年掌教(伊玛目)名录[1]

序号	姓　名	在 寺 年 代
01	革洼默定	北宋、辽时期
02	那速鲁定	北宋、辽时期，约996年
03	穆罕默德·本·艾哈麦德·布尔塔尼	南宋、元时期，约1270～1280年
04	阿里·依玛顿丁	南宋、元时期，约1270～1283年
05	王　相	约明嘉靖年间(1522～1566年)
06	白继祖	约明天启年间(1621～1627年)
07	王永寿	明崇祯三年(1630年)
08	巴大师（名不详）	明末(1638～1644年)
09	卞掌教（名不详）	约清康熙初年(1662～1722年)
10	谭老师（名不详）	约清康熙初年(1662～1722年)
11	白养恒（白世祥）	约清康熙前期(1662～1722年)
12	马腾云	清康熙三十三年(1694年)
13	尹良相 （独班掌教）	清康熙三十三年(1694年)
14	马君锡	清康熙三十八年(1699年)
15	白养恒	清康熙五十五年(1716年)
16	白元辅	清康熙五十六年(1717年)
17	舍起灵（字蕴善）	不详
18	张承宗（字公越）	不详
19	马文学	约清康熙年间(1662～1722年)
20	杨伯琳	约清康熙年间(1662～1722年)
21	吴国卿	约清康熙年间(1662～1722年)

[1] 因资料所限，本表系不完全统计。

序号	姓　名	在　寺　年　代
22	金履庆	约清康熙年间(1662~1722年)
23	米敬公	约清康熙年间(1662~1722年)
24	王允卿	约清康熙年间(1662~1722年)
25	白之爵	清乾隆四十六年(1781年)
26	王国辅	清乾隆四十六年(1781年)
27	马继允	清乾隆四十六年(1781年)
28	卞云起	清乾隆四十六年(1781年)
29	王崇名（字守谦）	清光绪十九年~二十一年(1893~1895年)
30	王振益（字友三）	清光绪二十二年~二十四年(1896~1898年)
31	王宽（字浩然）	清光绪二十五年~二十七年(1899~1901年)
32	王友三	清光绪二十八年~三十年(1902~1904年)
33	高兴（高六阿訇）	清光绪三十一年~三十三年(1905~1907年)
34	王友三	清光绪三十四年~宣统二年(1908~1910年)
35	王浩然	宣统三年~民国二年(1911~1913年)
36	王友三	民国三年~五年(1914~1916年)
37	王浩然	民国六年~八年(1917~1919，1919年归真)
38	李宗庆（字云亭）	民国九年~十一年(1920~1922年)
39	杨建铭（杨三阿訇）	民国十二年~十四年(1923~1925年)
40	王瑞兰（字子馨）	民国十五年~二十九年(1926~1930年)
41	王振海（王大阿訇）	民国二十年~二十二年(1931~1933年)
42	王瑞兰	民国二十二年~二十八年(1933~1939，1939年归真)
43	王连珏（暂代）	民国二十九年~三十年(1940~1941年)
44	张谦	民国三十一年~三十六年(1942~1947年)

表四　牛街礼拜寺1948年至今教长名录[1]

序号	姓　名	在寺年代	序号	姓　名	在寺年代
01	王连钰	1948~1950年	05	安士伟	1957~1966年
02	金德海	1950~1951年	06	石崑宾	1979~1993年
03	管华庭	1952~1953年	07	安士伟	1994~1998年
04	杨德亮（字明远）	1954~1956年	08	薛天利	1998年~

2．民主管理

　　1949年新中国成立后，牛街礼拜寺 "民主管理委员会"取代了长达数百年的 "三掌教制"。1979年礼拜寺重新开放后， "民主管理委员会"更名为 "北京牛街礼拜寺管理委员会"，是在宣武区伊斯兰教协会的领导下，代表穆斯林对礼拜寺实行民主管理的群众性组织，全面负责牛街礼拜寺的寺务和教务工作。管理委员会的主任、副主任和委员均从阿訇、乡老中民主产生。

《北京市清真寺民主管理办法》中，关于清真寺管理委员会的表述："第二条　清真寺设立清真寺民主管理委员会（以下简称寺管会）。寺管会是在区县伊斯兰教协会的领导下，代表穆斯林群众对清真寺实行民主管理的群众性组织，负责教务、寺务及其他相关事务的管理"。

《北京市清真寺民主管理办法》（2008年1月）

---

[1] 1966~1979年 "文化大革命"期间牛街礼拜寺闭寺。

牛街礼拜寺管理委员会部分成员正在研究寺务

牛街礼拜寺管理委员会
主任职责一览表

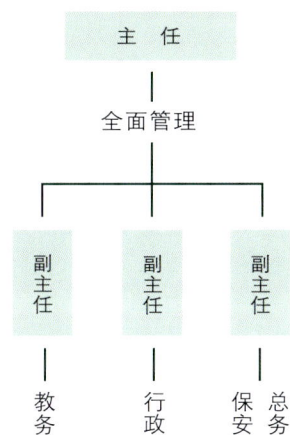

主 任

全面管理

| 副主任 | 副主任 | 副主任 |
| 教务 | 行政 | 保安 总务 |

表五　　　　牛街礼拜寺管理委员会主任一览表[1]

序号	寺管会主任	任职时间
01	李德寿	1949年～1966年
02	王德忠、韩云栋	1980年～1981年
03	马跃	1981年8月～1990年
04	王守忠	1990年～1991年
05	柏龙海（临时负责）	1991年～1991年底
06	马福才	1992年～1994年
07	夏　起	1994年～1999年6月
08	韦洪坡	1999年6月～1999年9月30日
09	白增福	1999年10月～2002年8月
10	韦春杰（主持工作）	2002年8月～2003年8月
11	满恒勋	2003年8月～2004年8月
12	韦春杰（主持工作）	2004年8月～

[1] 1966～1979年"文化大革命"期间牛街礼拜寺闭寺。

五 寺办教育

　　自明以来，中国穆斯林的文化教育基本上以寺院教育为主，后逐步发展形成了以清真寺为主要场所的经堂教育制度。1911年辛亥革命之后，学校式教育兴起，清真寺亦开始兴办具有伊斯兰教育特色的学校，牛街礼拜寺办起了回教师范学堂、清真第一两等小学堂，有力地推动了回民学校式教育，成为中国伊斯兰教近代教育事业的开端。新中国成立后，国家兴办了伊斯兰教经学院，取代了经堂教育，使更多的穆斯林受到系统的宗教教育，经学院成为中国培养阿訇的主要途径。

1. 经堂教育

　　经堂教育又被称为寺院教育或回文教育，是中国清真寺早期的传统教育形式和教育制度，由明代陕西伊斯兰教经学家胡登州首创，明清时期是伊斯兰教育发展的重要时期。经堂教育分为小学部和大学部，其宗旨是传授经学知识，培养讲学经师和从事宣教及率众举行宗教活动的教职人才。

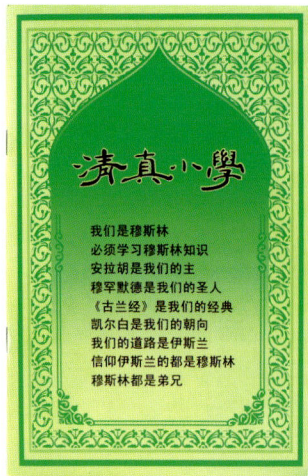

《清真小学》

是伊斯兰教启蒙，信仰基础课本。以古兰、圣训为依据，为适应儿童短期学习特点和清真寺教学形式的需要，对于一些必学必会的重要内容，采用汉字译音方法，力求简明和容易记诵。全书共分三大部分，第一部分是信仰基础，第二部分是诵读，第三部分是拜功知识。

小学部

亦称经文小学，招收6～7岁儿童入学，主要教习初级阿拉伯语拼读和宗教常识。课程有《凯里迈》、《乜帖》、《亥帖》、《凯赫甫》等。学生入、退学自由，不分班次与级别、不规定年限，一般需1～2年完成上述课程。自愿深造且具备条件者，可直接升入大学部。

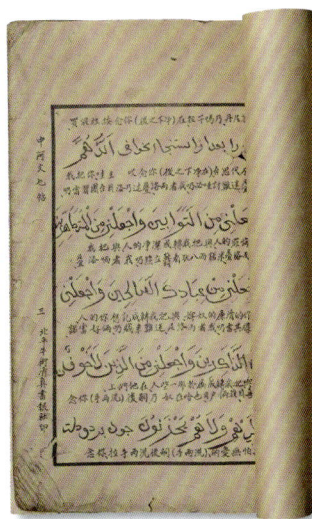

《初学教义课本》
北平牛街清真书报社印。

中阿文《乜帖》
北平牛街清真书报社印[1]。

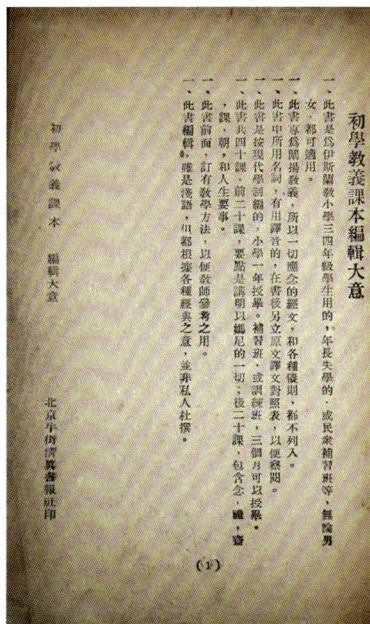

中阿文《亥帖》
北平牛街清真书报社印。

"乜贴"为伊斯兰教用语，阿拉伯语音译，意为："心愿"、"意图"、"决心"，经堂语为"举意"。在小学部阶段，学生除了要接受信仰学的教育，熟练地背诵《古兰经》选读本外，在1—2年的时间里还要学习《乜帖》等各种礼拜用词和宗教知识等。

亦称"亥听"、"赫听"是阿拉伯文的音译，为《古兰经》选读本。18世纪后半叶至20世纪初，在中国穆斯林中广泛流传并精读常诵。选辑者无可考。较早的汉译本有1882年刊印的《汉字赫帖》和《赫听真经》。1981年，林松译著汉阿对照本《古兰经文选》出版。

[1] 见"北平清真书报社"。

大学部

亦称经堂教育。清真寺所设经堂大学，学生称为"海里凡"。修业年限一般为10年左右。学完规定的经训、教义、教法、语言等13本经典书籍后，并具备讲经、独立宣教能力，品学兼优者经教长考核，达到阿訇资格，即可毕业，举行"穿衣挂幛"仪式之后，才有资格应聘到各地清真寺担任开学阿訇或任教。

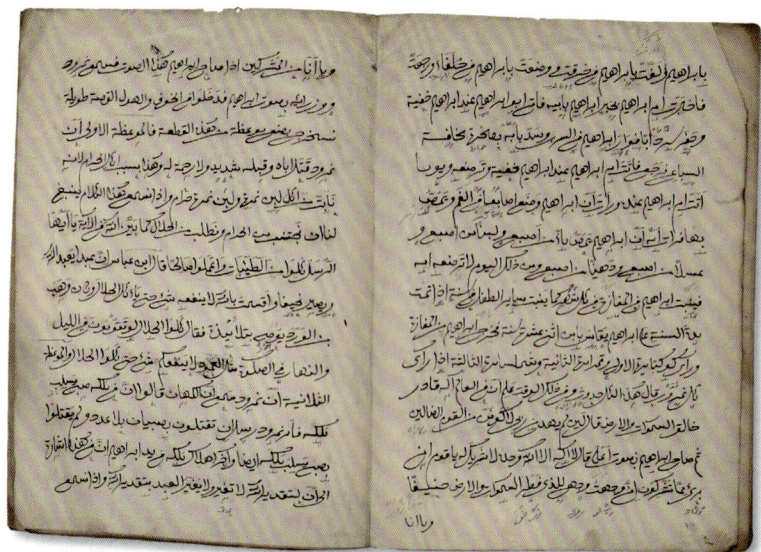

小儿锦　明

"小儿锦"，是经堂教育的产物，中国穆斯林创造的经堂文字，亦称"小经"或"消经"。即用阿拉伯字母拼写汉语的一种拼音文字，其中包含阿拉伯文、波斯文的语汇，有时也夹杂一些汉语，是经堂学员学习经文和汉语的"拐棍"。经过了几百年的流传和演变，"小儿锦"曾被广泛用于穆斯林的社会生活中，成为学习汉语、记事、通信的重要工具。

表六   经堂教育必读书目一览表

编号	原书名	汉 名	汉译本	附 注
01	أساس العلوم	《连五本》		共五部分，为阿文词法、语法基础课本
02	ضوء المصباح	《遭五·米斯巴哈》		阿文语法中级课本，是对《连五本》的注释
03	ملاء عصام الدين	《满俩·而刷闷迪尼》		阿文语法的理论课本
04	بيان	《白押尼》		阿文修辞学课本
05	العقائد النسفية	《阿嘎伊德·奈赛菲》	杨仲明《教心经注》、马坚《教典诠释》	阿文认主学课本
06	شرح الوقاية	《舍莱哈·伟嘎业》	王静斋《伟嘎业》、赛生发《伟嘎业》	阿文教法经
07	هواء منهاج	《海瓦依·米诺哈吉》		波斯语语法，中国学者常志美著
08	خطب	《呼托布》	李虞宸《圣谕详解》	四十段圣训的波斯语注释，选段侧重宗教道德修养
09	أربعون	《艾尔白欧》		四十段圣训的波斯语注释，选段侧重于人生哲理
10	كلستان	《古洛司汤》	王静斋《真境花园》	波斯语文学著作
11	مرصاد	《米尔萨德》	伍遵契《归真要道》	波斯文本，着重讲苏菲派修身养性、认主、近主之道的哲学著作
12	لمعات	《莱麦阿特》	舍起灵《昭元秘诀》	波斯语的苏菲主义理论著作
13	القرآن	《古兰经》		又译《可兰经》

经堂教育课本

أَسَاس الْعُلُوم 《连五本》 清

《连五本》共5部分，为阿拉伯文词法、语法基础课本。

中国伊斯兰教经堂教育高级阶段的十三本通用经典之一。阿拉伯语音译，意为"基础知识"。由《帅尔夫》、《穆阿兹》、《赞加尼》、《阿瓦米来》、《米苏巴哈》等5个单行本（卷）汇集而成，故俗称《连五本》。内容选自国外的语法著作，主要讲述阿拉伯语形态学中的"变字学"。前三本（卷）总称"帅尔夫"，专讲阿拉伯语词法；后两本（卷）称作"乃哈卧"，专讲阿拉伯语句法。该书从形式到内容均由浅入深，是切合教学实际的阿拉伯语初级语法教材。

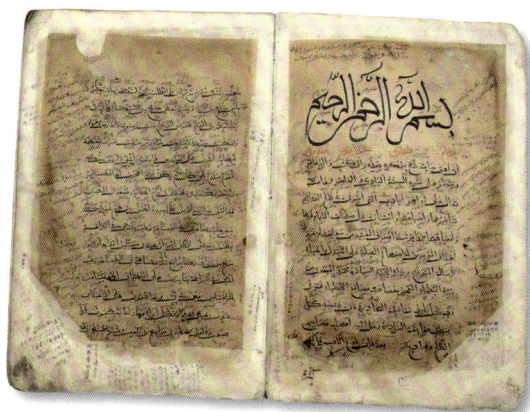

ضوء الْمصباح 《遭五·米斯巴哈》 清

为阿拉伯语中级语法课本，系《连五本》的诠释。

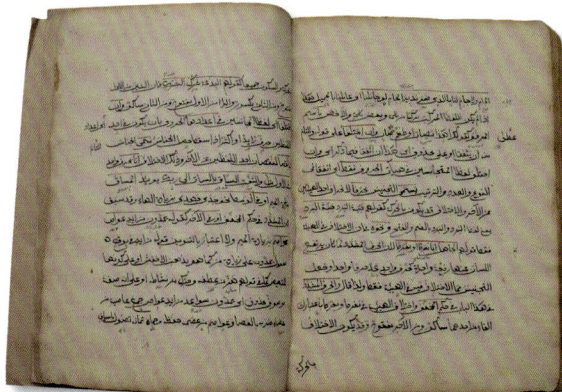

بيان 《白押尼》 清

为阿拉伯文修辞学课本。

李虞宸《圣谕详解》四十段圣训的波斯语注释，选段侧重宗教道德修养

خطب 《呼托布》 清

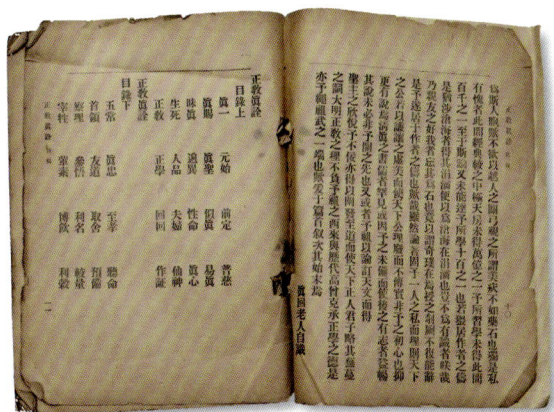

《政教真诠与清真大学》 清

《政教真诠》为中国伊斯兰教汉文著作。王岱舆[1]撰。系结合中国传统哲学思想，系统阐释中国伊斯兰教义的宗教哲学专著。全书分上下两卷，共10篇。上卷有真一、原始、前定、普慈、真慈、性命、政教等20篇。下卷有五常、真忠、至孝、参悟、正命、今世、后世等20篇。上卷讲述伊斯兰教哲学，下卷讲述宗教功修、伦理及两世论[2]。

《清真大学》为中国伊斯兰教哲学著作，王岱舆撰文，全书分提纲、本题、总论三部分。阐释了伊斯兰教哲学的本体论、宇宙论语认识论。主要论述伊斯兰教"真一"、"教一"、"体一"三个概念及其关系。

[1] 王岱舆（约1584~1670年），中国明末清初著名的伊斯兰教学者和经师。名涯，以字行，别号"真回老人"，金陵（今江苏南京市）人。回族。
[2] 《中国伊斯兰百科全书》，第741页，四川辞书出版社，1994年。

　　"穿衣挂幛"为中国伊斯兰教用语，指清真寺所设经堂大学学员毕业典礼仪式。毕业学员穿上本寺坊教民赠送的绿袍和戴斯塔尔（缠头布）；邻近寺坊也有送"挂幛"来庆贺的，故此仪式又称"挂幛"。届时开学阿訇或主持人讲话，祝贺学员毕业成为阿訇，之后毕业学员要登台演讲"卧尔兹"（经义）。"穿衣挂幛"后的学员，便具有了被其他寺聘为开学阿訇的资格。右图为清同治七年（1868年）王友三"穿衣挂幛"时的幛挂，今收藏于牛街礼拜寺。幛挂长290、宽146厘米。

　　王振益（字友三），近现代中国伊斯兰教著名阿訇、宗教教育革新家王宽（字浩然）之叔。清同治七年（1868年）在牛街礼拜寺穿衣挂幛，清光绪二十二年至二十四年（1896～1898年）、清光绪二十八年至三十年（1902～1904年）、清光绪三十四年至宣统二年（1908～1910年）、民国三年至五年（1914～1916年）四度出任牛街礼拜寺伊玛目。

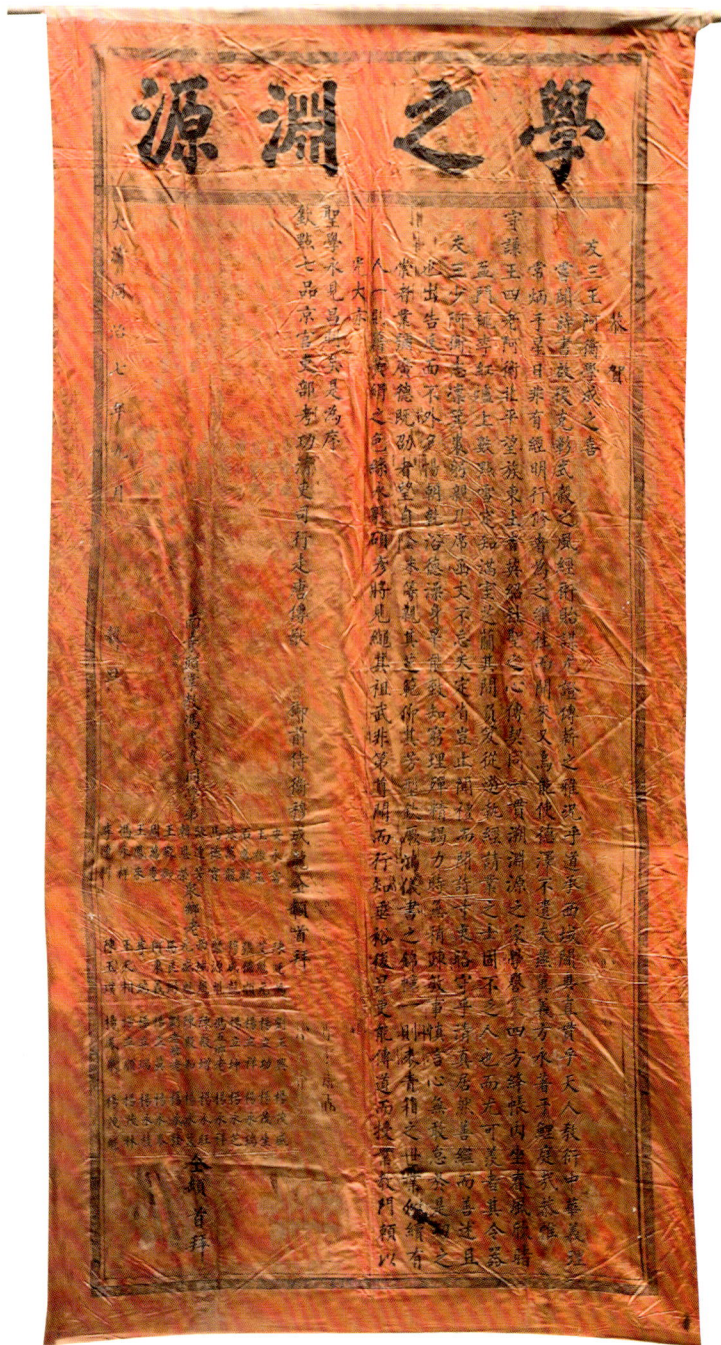

源淵之學

恭賀

友三王阿衡學成之喜

當聞詩書啓後克彰式穀之風經術貽謀尤證傳薪之雅況平道承西域間奧直貫乎天人教衍中華義理

常炳于星日非有經明行修者焉之繼往而開來又烏能使德澤不遺夫燕冀義方永著于鯉庭哉恭惟

守謙王四老阿衡北平望族東土耆英紹往聖之心傳契同一貫溯淵源之家學譽震四方絳帳內坐春風欣睹

盈門桃李紅爐上數點雪定知滿室芝蘭其間負笈徒游執經請業之士固不乏人也而尤可羨者其令器

友三少阿衡志凜箕裘躬親几席函丈不忘夫定省豈止聞禮而開詩寸衷胳守乎清真居然善繼而善述且

也出告反面不外夕惕朝乾浴德澡身早能致知窮理殫精竭力時無稍疎敏事慎言心無敢怠於是功之

崇者業彌廣德既劭者望自隆末等親其芝範仰其芳型欽厥鴻儀書之錦幛一則表青箱之世業似續有

人一則籍黄絹之色絲永歌碩彦將見繩其祖武非第尊聞而行知垂裕後昆更能傳道而授業教門賴以

光大亦

聖學永見昌明矣是爲序

欽點七品京官吏部考功清吏司行走唐傳猷　御前侍衛穆成龍仝頓首拜

南寺頭掌教馮貴真同學弟

衆鄉老　　　　　　全頏首拜

安永富　陳廷爲　劉玉興　楊茂盛
王振玉　艾魁元　楊立功　楊茂生
石鳳鱗　張德順　楊立英　楊永瑞
張萬龍　穆成龍　楊立坤　楊永芝
馬德寶　聚源魁　馮五鄉老　楊永祥
張連芳　西域魁　陳殿增　楊永旺
韓恩榮　元盛魁　陳殿和　楊永益
王殿卿　馬良弼　劉老鄉老　楊永發
周萬慶　何秉義　楊老鄉老　楊永泰
王鳳來　李瑞　　楊立瑞　楊永桂
馮永祥　王天相　楊立順　楊茂林
李連科　陳玉璞　楊鳳來　楊茂魁

大清同治七年九月　穀旦

马松亭像

　　马松亭（1895～1992年），中国伊斯兰教著名阿訇、教育家、社会活动家。曾名寿龄，经名阿卜杜·拉希姆。回族，北京市人。出生于阿訇世家，少年时曾在牛街礼拜寺王友三大阿訇帐下求学。1921年在北平花市清真寺"穿衣挂幛"，后在清水、涿县、济南、北京、重庆、台北、香港等地清真寺任职讲学。1925年在济南同唐柯三等人创办了成达师范学校。1936年在北平创建"福德图书馆"，出版发行《月华周刊》。1954年后，历任中国伊斯兰教协会副会长、中国伊斯兰教经学院副院长、全国政协第二、五、六、七届全国委员会委员等职[1]。

石崑宾大阿訇给学生们讲解教义

　　哈吉·达乌德·石崑宾（1927～1993年），牛街礼拜寺著名阿訇。自幼攻读阿文，并在中国伊斯兰教经学院研究生班深造。博学多闻，聪慧睿智，精通英语、阿拉伯语等多国语言。对伊斯兰教经典、特别是古兰经分类学的研究造诣颇深。先后就任于河北省大厂、北京西单、花市、天桥、东四，1979～1993年任牛街礼拜寺教长。曾出访十几个国家，是第一位应邀于巴基斯坦国中心大寺领礼主麻的中国大阿訇。曾任北京市伊斯兰教协会副会长、宣武区伊斯兰教协会会长、北京市人大代表、北京市政协常委和宣武区政协副主席等重要职务[2]。

[1] 见《中国伊斯兰教百科全书》，第346页，四川辞书出版社，1994年。
[2] 《石崑宾》，北京市宣武区档案馆，2007年。

杨冠军挂幛时与阿訇行"拿手礼"（回族互相问候的一种方式）

杨冠军挂幛后宣讲卧尔兹

　　宣讲卧尔兹是伊斯兰教宣教的一种方式，"卧尔兹"是阿拉伯语音译，意为"劝导"、"训诫"、"教诲"、"讲道"、"说教"。主要在聚礼和会礼时由阿訇在清真寺内宣讲。其内容极其广泛，以《古兰经》和"圣训"作为主要内容，并从教史到寓言故事，由哲学、伦理道德到处世为人，乃至社会生活的各个方面，都是"卧尔兹"的题材。

2. 普及教育

普及教育，是礼拜寺向社会各界穆斯林群众普及伊斯兰教知识的短期教育形式。内容包括阿文拼读、伊斯兰教义、教礼、教规和《古兰经》的读法、书法等，1949年以后增加了社会常识、时事政治、政策法规等学习内容。常用的教科书有《天方三字经》、《天方三字经注解浅说》、《朝觐途说》、《清真指南》、《四典要会》等。

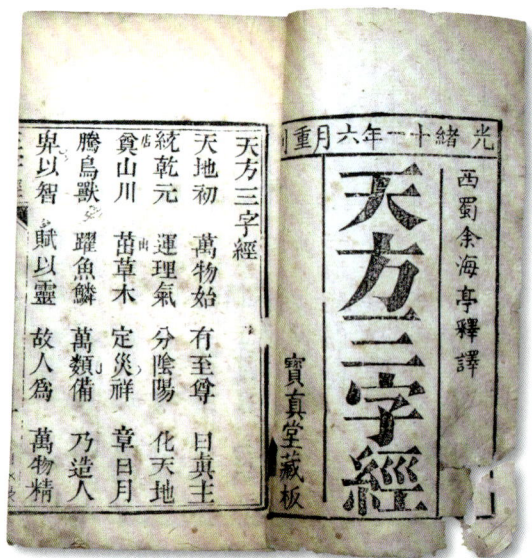

《天方三字经》 清

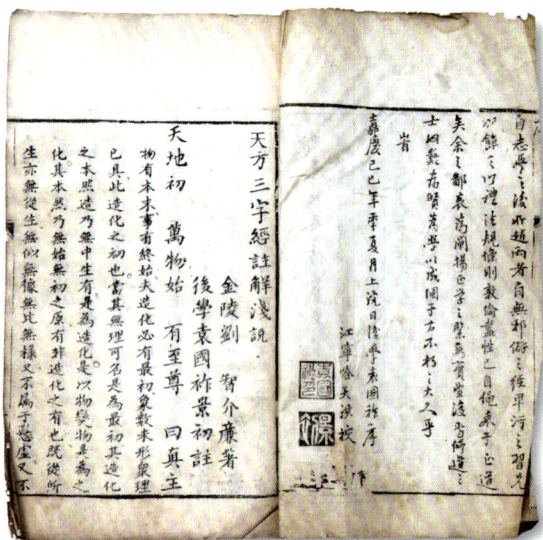

《天方三字经注解浅说》 清

中国伊斯兰教诗歌体启蒙读本。该书曾以《天方三字经注解》、《天方三字经幼义》等名称在中国各地翻印出版。目前常见的版本是清嘉庆十四年（1809）袁国作注释，同治九年（1870年）镇江清真寺镌刻本。内容易懂，多用典故，参照宋元以来民间广泛流传的蒙学教本《三字经》的形式，解说伊斯兰教认主、五功、教史等内容，堪称回族启蒙读本中的绝唱。《天方三字经》全文448句，1344字。

金陵刘介廉[1]著。有嘉庆己巳年（1809年）袁国作序。书仿《三字经》，三字一句，自"真主开，通乾元"始，至教义末节，俱详载无遗，虽中杂性命之说，非幼童所能解，幸注解浅易，深譬远援，务期详尽，所谓深入浅出，小儿熟读，自有悟解处也。书刻于同治九年，版存于镇江城西大寺。

---

[1] 刘智（约1655~1745年），中国清代著名伊斯兰学者。字介廉，号一斋，江苏南京人。回族。15岁起研读儒家经籍，后又研读阿拉伯文、波斯文，阅读佛教、道教及西方文化书刊。并深研伊斯兰教教义教礼。著有《天方性理》、《天方典礼》、《天方至圣实录》。其中《天方典礼》被清代收入《四库全书总目提要》存目中。还有《五功释义》等通俗读物行世（《中国伊斯兰教百科全书》，第318页，四川辞书出版社，1994年）。

《朝觐途说》 清

19世纪中叶中国穆斯林朝觐天房的见闻录。清代伊斯兰学者马德新[1]用阿拉伯文写成，其门生马安礼译成汉文，清咸丰十一年（1861年）在云南昆明首次刻版发行。该书反映了19世纪50年代中国至阿拉伯和西亚各国的海、陆交通概况，记载了沿途各地的古代传说、遗迹、地理状况和风俗人情。

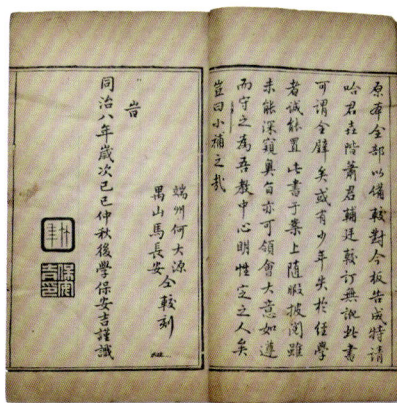

《清真指南》 清

中国伊斯兰教重要典籍之一，马注著[2]。全书共十卷，康熙二十三年（1683年）成书。全书约10余万言，分十卷。前八卷是正编，后两卷为附录。卷一是序说，卷八是杂论。主要内容集中于卷二到卷七。作者通过论述、推理、答客问等方式，阐发伊斯兰教教义要旨、苏非主义哲学及修身原理。

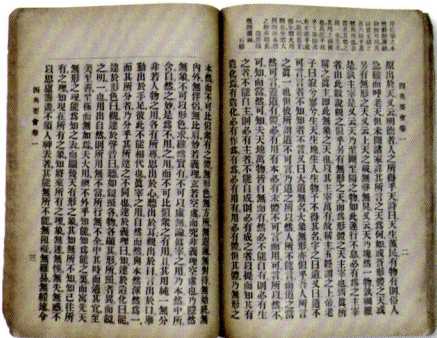

《四典要会》 清

中国伊斯兰教著作。马德新编撰，四卷。咸丰九年（1859年）"编为一帙"而成书。卷一"信源六箴"，阐明伊斯兰教的基本信仰；卷二"礼功精义"，阐述礼拜真主的道理和意义；卷三"幽明释义"，叙述今后世的区别；卷四"正异考述"，详析教内异端的由来和谬误。有光绪三十一年（1905年）刻本和1923年铅印本。

---

[1] 马德新（1794~1874年），伊斯兰教著名学者、经师。字复初，经名优素福，号鲁哈·丁，云南太和人。回族。一生著译甚丰。由《定命真经（古兰经）直解》（前五卷）、《四典要会》、《大化总归》以及有关天文、地理、历代典章制度等专门译著共30余种传世。马德新与王岱舆、马注、刘智被并称为中国"四大经学家及译著家"。

[2] 马注(1640~1711年)，字文炳，号仲修，经名优素福，晚年号称"指南老人"，今云南保山县人。回族。据传系元代咸阳王赛典赤·赡思丁的十五世孙。曾任南明桂王永历朝中书等职。入清后，以教书为业，著书立说，文明益盛。系清初伊斯兰教著名学者，用汉文译著经典的开创者之一。

《宗教工作普法读本》[1]

穆斯林正在学习伊斯兰教义

穆斯林在牛街礼拜寺内学习阿文

[1] 国务院宗教事务局政策法规司：《宗教工作普法读本》，宗教文化出版社，1997年。

马崇义老师为阿訇和寺管会成员讲课

青年阿訇培训班结业典礼

牛街礼拜寺组织乡老参观西安化觉巷大清真寺时合影

牛街礼拜寺组织阿訇、乡老参观呼和浩特市南清真大寺时部分乡老合影

牛街礼拜寺组织阿訇、乡老参观中国人民抗日战争纪念馆

牛街礼拜寺民族夏令营活动中，小营员参观董存瑞烈士陵园

3．学校教育

1911年以前，穆斯林的文化教育主要以寺院教育为主，社会文化教育几近空白。因此，当时的穆斯林知识分子深感传统的专习阿文和伊斯兰教义、教法的寺院教育已不能适应新时代、新社会发展的需要，一些具有远见卓识的穆斯林知识分子和资深阿訇，开始创办具有伊斯兰教文化特色的新式教育形式——学校。

清光绪三十三年（1907年），王浩然[1]从土耳其等国考察教育回国后，和王友三、达浦生等人在北京设立了回教师范学堂。校址在北京牛街礼拜寺内。学校除教授经文外，还特设自然和社会学科等课程，"是为中国回教有新式学校之权舆"。以求提高穆斯林人才的知识水平和文化素质。翌年（1908年），王浩然阿訇在牛街礼拜寺后院创建了清真第一两等小学，这是牛街穆斯林近代教育的事业的开端，也是我国回族经堂教育改为新式学校教育的初创。在其影响下，不久各地也相继兴起了筹办回民学校的热潮，上海出现伊斯兰教师范，宁夏有中阿中学，北京有成达师范学校，昆明有明德中、小学校。有力地推动了中国穆斯林的近代教育。1912 年10月16日，清真第一两等小学堂改为公立，教育内容一改旧式经堂教育的传统，提倡汉、阿文兼授，并于经学之外增加各科文化课程，还设有体操、手工、音乐课等。后小学堂几经更名，1949年后，更名为北京市立牛街第一小学，简称牛街小学。

---

[1] 王宽（1848～1919年），近现代中国伊斯兰著名阿訇、经师、宗教教育改革家。字浩然，经名阿卜杜·拉赫曼。回族。北京丰台人，出身于经学世家，其先辈世代为北京牛街礼拜寺"付冠带主持"。他自幼从师于北方经学泰斗王守谦。主张改革经堂教育陈旧的内容和方法，倡导举办经学与汉学并举的新式学校。积极倡导创办伊斯兰教学术团体，发展民族工业。1921年发起组织了中国穆斯林第一个全国性宗教团体—中国回教俱进会，提出了"兴教育、固团体、回汉亲睦"的主张。1914年前后，在牛街创办了一家生产毛巾、浴巾的回民普慈工厂，成为振兴民族工业的开端。1917年秋，孙中山致函王宽，要他联合西北穆斯林参加"护法运动"，他予以响应。他一生从事宗教教育，改革旧式学堂，在中国穆斯林文化教育史上起了开拓和创新的作用。1919年在北京病逝，享年71岁（见《中国伊斯兰教百科全书》，第581页，四川辞书出版社，1994年）。

达浦生（1874 ～1965年）[1]，名凤轩，字浦生，以字行。经名努尔·默罕默德。江苏六合人，回族。中国伊斯兰教著名阿訇、教育家，与哈德成[2]、王静斋、马松亭并称为"中国四大名阿訇"。7岁入蒙馆学汉文，10岁学习阿拉伯文和波斯文。1894年赴牛街礼拜寺从师王宽阿訇学习教义、教法；1896年学成"穿衣"；1905年任牛街礼拜寺阿訇。1907年与王宽创建回文师范学堂。1938年12月，赴南洋、中东宣传中国抗日，在埃及《金字塔》报发表《告全世界穆斯林书》，揭露日寇侵华罪行；1952年作为中华人民共和国代表赴赫尔辛基出席"维也纳世界和平大会"；1956年，以宗教顾问身份参加了周恩来总理率领的中国代表团出席"万隆会议"。1965年6月21日在京逝世。历任中国伊斯兰教协会副主席、中央民族事务委员会委员、中国人民政治协商会议第二届全国委员会委员及常务委员等职。

达浦生像

赵振武先生《三十年来之中国回教文化概况》中记述了回教师范学堂、清真第一两等小学堂办学的历史[3]

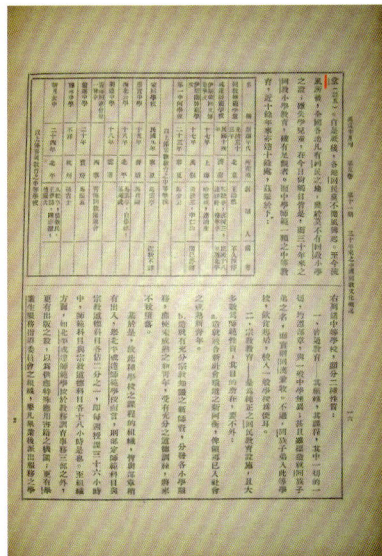

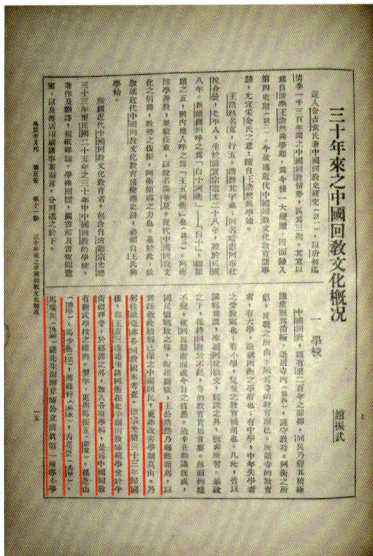

赵振武先生《三十年来之中国回教文化概况》一文中，记述王浩然阿訇办学情况为："王公浩然乃崛然而起，以为拯救此积弱已深之中国回民，更非改善学制莫由，乃躬往欧亚非各回教国家考查。德宗光绪三十三年归国后，与王友三、达浦生诸阿訇在北平创回教师范学堂于牛街礼拜寺，于经课之外，加入各项学科，是为中国回教有新式学校之权舆。翌年，更与马振五（邻翼），孙芝山（德春），马少衡（棠），冯余轩（兴永），古亮臣（光甲），马瑞川（兆祥）诸先生创办京师公立清真第一两等小学堂。"

---

[1] 《中国伊斯兰百科全书》，第118页，四川辞书出版社，1994年。
[2] 哈德成（1888～1943年），中国现代伊斯兰教学者、教育家。名国祯，以字行。经名希拉伦丁。回族，陕西南郑人。自修阿拉伯语、英语、波斯语和乌尔都语。曾任上海浙江路清真寺教长。1924年与马刚侯等人筹建"中国回教学会"，并发行该会《月刊》，翻译《古兰经》等。1928年与达浦生创办上海伊斯兰教师范学校。1941年曾任教于云南养正阿拉伯语专科学校高级班。1943年10月25日归真，享年56岁（见《中国伊斯兰教百科全书》，第187页，四川辞书出版社，1994年）。
[3] 摘自《禹贡》半月刊第5卷第11期。

京都牛街清真西寺公立两等小学堂开办留影

伊斯蘭對中華文化之影響

著它出神而莫展一籌。

擁有整舊如新，修補重訂的技術人極爲稀少，極爲難求，當一本經卷破舊凌亂時，只好眼巴巴的望

先父馬公魁麟（星泉）大阿衡（虔新眞主賜予榮園）爲了珍惜文物，自行研究出一套整舊如新的技術，不論怎樣破爛不堪的經書典籍，一經整補，便可如新。因此，在北平伊斯蘭學壇上，以「黏經阿衡」而馳名，這也就是創辦全國最大經書流通處清眞書報社之開始之發端。

先父在世之際，將北平城郊的四十一座清眞寺（除女寺五座不計外），區分爲若干路線，沿線復一年歲月，週而復始，直至年老力衰時，始行放棄此項週而復始之循行活動。

每到達一座清眞寺時，楓循一條路線前進，走遍沿線各清眞寺，一條路線復一條路線，一年歲月復一年歲月，遇而復始，次訪諸經生——海里凡，展示以新作品，以作材料費，將換得之舊品，攜回舍間，利用閒暇時間予以修整。修整妥善後，再行循行另一條路線，沿線訪問各清眞寺並交換新舊品。

視新舊品大小厚薄之差別，先行拜訪阿衡，然後貼出或若干路線，

當時的小學分爲初高兩級，初級小學的功課輕鬆得很，除去國文、修身、算數外；就是體操、手工、音樂而已。既沒有週考更沒有月考，簡直是玩玩罷了，因此學生空餘時間特別多。筆者七歲時，進入京師公立第二十小學校（原清

一八○

眞兩等小學堂）初小開蒙讀書，且自幼極得父、母寵愛，因此先父前往各地清眞寺從事新品經卷掉換舊品經卷之際，均攜筆者前往，亦因此筆者童年的小小足跡，已跑遍了北平四九城所有的清眞寺，這眞是安拉特賜的百恩。

不久以前，大陸的清眞寺，即將開放的消息，傳抵此間後，由於引起思鄉之感，不禁想起了童年，憶起了往事，更懷念起北平各清眞寺輝煌宏偉的建築，令人神往，但幾經搜索枯腸，總不能把北平全部清眞寺的名稱和地點回想起來，感覺慚愧。

大約是在兩個月以前，在國立政治大學圖書館裏，翻閱舊日的禹貢牛月刊，在該刊第七卷第五期第一百零五頁上，發現載有王夢揚學長所發表的「北平回民概況」一文，對於北平各清眞寺之名稱地址等，記載詳盡無遺。於是經過互相印證後，並將王夢揚學長所繪成之圖表略加修訂一併列出，以饗同教，以保史料，以舒惆悵之情。

番號	名稱	地址	建築年代備考
1	禮拜寺	宣武門外牛街	據閱宋兒誌而載建於元代今尚存大殿地明正二年重修
2	清眞寺	東四牌樓	建於元十四代建明正統元
3	普壽寺	阜成門內錦什坊街	元代
4	法明寺	安定門內二條胡同	元代十年建明正統元
5	永壽寺	宣武門外教子胡同	明正統元明康熙初重建
6	清眞寺	前門外香帶胡同	明代

北平清眞寺知多少？

[一八]

马明道[1]先生在《伊斯兰对中华文化之影响》中记述了京师公立第二十小学课程设置的情况

　　马明道先生在《伊斯兰对中华文化之影响》一书中，记述了京师公立第二十小学课程设置的情况[2]"当时的小学分为初高两级，初级四年级为初级小学；高级三年级称为高级小学。全部学习年限共七年，初级小学的功课轻松得很，除去国文、修身、算数外；就是体操、手工、音乐而已。既没有周考更没有月考，简直是玩玩罢了，因此学生空余时间特别多。笔者七岁时，进入京师公立第二十小学校（原清真两等小学堂）初小班开蒙读书……"

[1] 马明道（1908～1991年），穆斯林宗教学者，回族。原籍北京，曾在成达师范学校学习。1935年留学土耳其，就读安卡拉大学法学院伊斯兰教法学系，后转入土耳其军校毕业。1949年去台湾，在军界任职，后在台北政治大学担任教授，讲授"伊斯兰教概论"等课程。译著有《伊斯兰法之研究》、《伊斯兰教》、《伊斯兰对中华文化之影响》、《至圣穆罕默德传》和《明朝皇家信仰考初稿》等。1991年3月25日病故于台北，享年83岁。
[2] 摘自马明道著：《伊斯兰对中华文化之影响》，第180～181页。

牛街民族小学校门（1988年）

牛街民族小学80周年校庆会场（1988年）

牛街民族小学校友闪崇光、闪崇辉参加80周年校庆在教室前留影（1988年）

表七　　　　　　　　牛街小学名称演变及历任校长一览表[1]

校　名	时间（年）	校　长
京师清真第一两等小学堂	1908～1912	王　宽（浩然）
京师公立第三十一两等国民小学校	1912～1914	王桂照（月川）
	1914～1916	卢恩翰（海帆）
	1916～1918	莫兰绪（季堂）
京师公立第二十小学校	1918～1921	莫兰绪（季堂）
	1921～1927	杨　昆（璇圃）
	1927～1928	李寿鹏
北平市立第二十小学校	1928～1929	王桂照（月川）
	1929～1930	马志道（晋恒）
	1930～1937	沙德恒（文清）
北平市立牛街小学校	1937～1949	沙德恒（文清）
北京市立牛街小学校	1949～1950	吴耀岭
	1950～1953	金佩贤
	1953～1957	何玉声
	1957～1966	刘桂珍
	1966～1972	尹昭楷
北京市立牛街第一小学校	1972～1976	尹昭楷
	1976～1980	关象凯
	1980～1985	李君善
	1985～1987	张树勋
北京市牛街民族小学校	1987～1989	张树勋
	1989～1992	孙世荣
	1992～1997	闪毓云
	1997～2002	杨　立

[1] 1946～1948年期间，名为"北平第十一区第十五保第一国民小学校"。

（六） 社团书社

20世纪初，一批接受过新式教育的穆斯林知识分子，抱着"救国、救族、救教"的目的，把宗教问题与社会问题联系起来去考察，特别是辛亥革命以来，在新文化运动的影响下，牛街穆斯林积极行动起来，组织成立伊斯兰教社团，创办书社，出版刊物，进行伊斯兰教知识传播与学术研究，有力地推动了中国穆斯林的新式教育，对社会的发展具有较大的影响。

1. 中国回教俱进会

1911年7月，由牛街礼拜寺大阿訇王浩然为代表的归国留学生和国内的一些回族知识分子，在北京成立了"中国回教俱进会"，王浩然在《中国回教俱进会本部通告》序中写到："世界大势非注重教育，不足以图存。"认识到加强民族团结的重要性和必要性。同时还注意到发展商业经济在当时中国社会中的作用，"吾国商业方在萌芽，此时若不急图国外之贸易，他日商务殷繁而无尾闾之泄，必受绝大之影响"。由于回族知识分子对社会问题有深刻认识，且在行动上也表现得坚决勇敢，因而该会得到族内大部分知识分子以及族外人士的支持和赞助，产生了一定的社会影响。有力地推动了全民族新式教育的发展，促进了回汉民族的团结。本部设在西单清真寺内，是北京最早的群众性民间社团之一。主要工作是"兴学"、"兴教"，俱进会刊行《穆声月报》、《穆光》半月刊，还设有"清真学理译注社"。

中国回教俱进会 中国穆斯林的民间文化团体。1912年7月由王宽、侯德山等人发起在北平（今北京）成立。其宗旨是"联合国内回民，发扬回教教义，提高回民知识，增进国民福利。"总会（后改称"本部"）设在北平，各省区设支会（部）。总部设理事长1人，副理事长2人，理事若干人；名誉理事长2人，名誉理事若干人；参议长1人，副参议长2人，参议若干人。第一任理事长王宽，第二任理事长常耀奎，副理事长侯德山、杨开甲；参议长邹骥，副参议长刘景山。总会下设8股：交际股、会计股、调查股、庶务股、教务股、编译股、文牍股、总务股。正副理事长、参议长及各股股长，均由大会选举产生，任期3年，可连选连任。会员的入会金、常年捐资及特别捐资为主要经费来源。该会成立后进行的主要工作有：延请王静斋等著名阿訇翻译《古兰经》；设立清真中小学及阿拉伯文专科学校，普及回民教育；设立讲演社；刊行《穆光》半月刊；倡导男女工艺厂并力谋改进回民之生计，发展慈善事业；调解回民内部意见冲突及教务之争议；维护回民信教的自由等。该会会员多为各地回族官员、商绅及清真寺教长，在回族穆斯林中颇有影响。各地伊斯兰教团体纷纷建立后，其影响遂日渐衰弱。1936年5月，在呈请北平市政府重新审核备案过程中，当局以"中央以准中华回教公会之组织并发给证书在案"，"同一性质之人民团体以一个为限"为由，强令取消该会。
（冯今源）

《中国回教俱进会》介绍[1]

中国回教俱进会本部通告序

王 宽

余游土耳其归国后，始知世界大，非注重教育，不足以图存，遂即提倡兴学。未几，而清真学堂以立。然每叹吾教之散漫，欲筹收束之方，而未由也。

天相中国，共和缔造，集会结社载在条文，宽乃纠合同志，创设此会，惨澹经营，苦心孤诣，囊者之希冀竟能如愿以偿，岂非真主之默佑也欤？

吾会开幕，转瞬经年，际兹《通告》刊行，宽有数言。我最亲爱之穆民，其听！回汉相处，千数有余，而万方咸晓时间，感情愈笃，殊非五族一家之比。况满、蒙、藏、繁犹兄弟，操戈同室，始笑外人。总宜相亲相近，且勿疑忌猜防。余各处演说，皆以此话反复言之。实不愿兄弟阋墙之祸，而劫珸阋里之令穷也。

宽尤有言者：土耳其与吾，同种之国也。该国人士对于中华物产，最为欢迎。果能中、土约约，互通商旅，将见庄严民国称霸亚洲，而翔飞世界美？说者谓：吾子之言得毋理想之谈欤？不知事无难易，顾力行之如何耳。吾国商业方在萌芽，此时若不急图国外之贸易，他日商务殷繁而无尾闾之泄，必受绝大之影响。未雨绸缪，此其时乎？

余不能文，爰嘱陈君就余意而命笔书之。知我者当不以为河汉也。

三年一月副会长王浩然，宽谨白。

《中国回教俱进会本部通告》序[2]

[1] 摘自《中国伊斯兰百科全书》，第745页，四川辞书出版社，1994年。

[2] 摘自《北京牛街》，第89～90页，北京出版社，1990年。

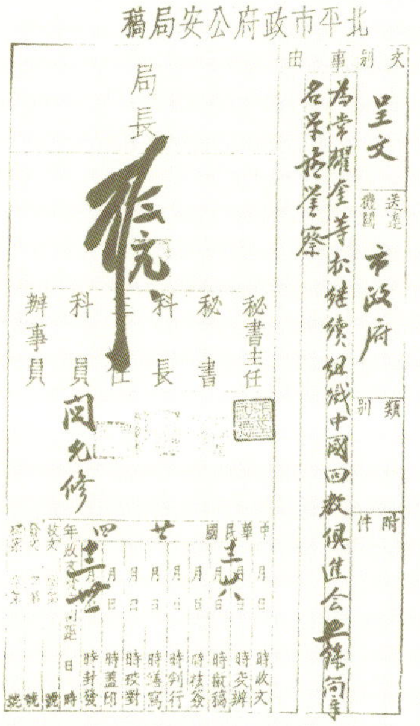
北平市政府公安局稿

文別：呈文

送達機關：市政府

類別

附件

事由：為常耀奎等請繼續組織中國回教俱進會一案，錄簡章名單請鑒察

局長

秘書主任　秘書　科長　主任科員　科員　辦事員

閔光修

中華民國廿四年

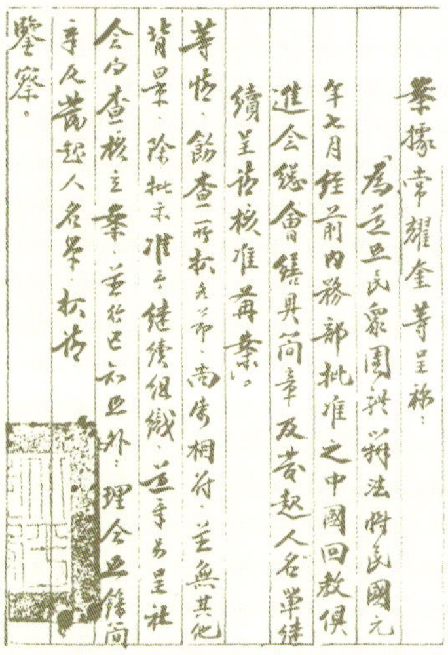
案據常耀奎等呈稱：

「為召集民衆團體以符法制。民國元年七月經前內務部批准之中國回教俱進會總會，謹具簡章及發起人名單，請續呈請核准備案。」

等情。飭查所稱尚屬相符，並無其他背景。除批示准予繼續組織，並分呈社會局查核立案，並行已知照外，理合照錄簡章及發起人名單，抄請

鑒察。

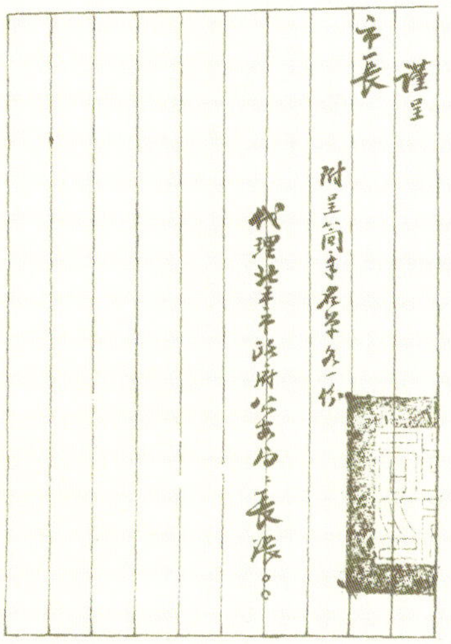
謹呈

市長

附呈簡章名單各一份

代理北平市政府公安局局長

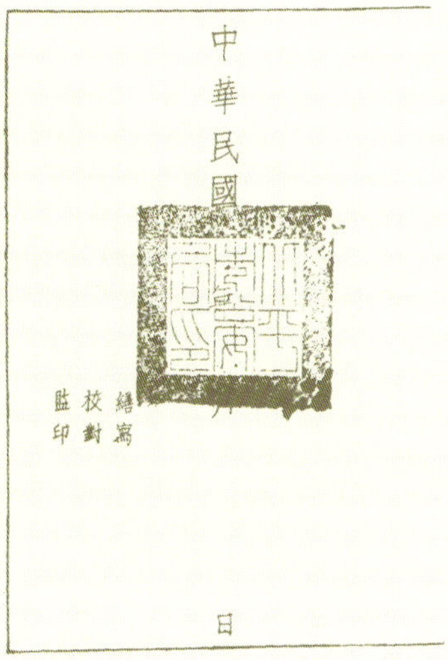
中華民國　　年　　月　　日

繕寫　校對　監印

北平市公安局为中国回教俱进会常耀奎等呈请继续组织中国回教俱进会一事呈报市政府鉴察

稿局安公府政市平北

文	别	批示
事	由	拟准组织中国回教俱进会继会应准继续组织 仰知止
	送達機關	常耀奎等
	類別	
	附件	

局 長

秘書主任
主任秘書
科 長
科 員 冏之修
辦事員

中華民國二十四年十二月

民政文字第 號
政文字第 號

批示草稿

批常耀奎等

二十四年十二月卅三日呈一件拟继续组织
中国回教俱进会继会附呈简章
為呈請核准由
呈悉。飭查平收久節 志為相
符、応准继续组织、除仰己外、仰仍应
此人民閱祝组織方案。另呈社会局查核
主案。此符手續。
此批。

中華民國

年月日

校對
監印

099

北平市政府公安局稿

指令 草稿

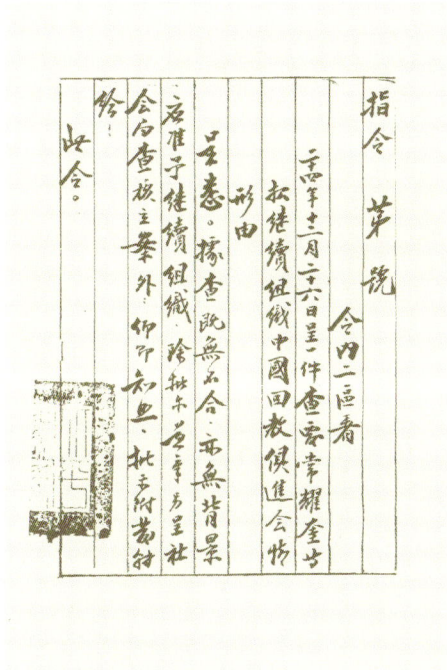

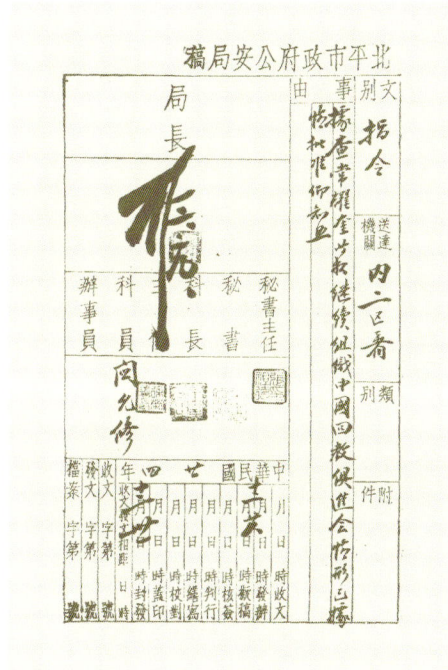

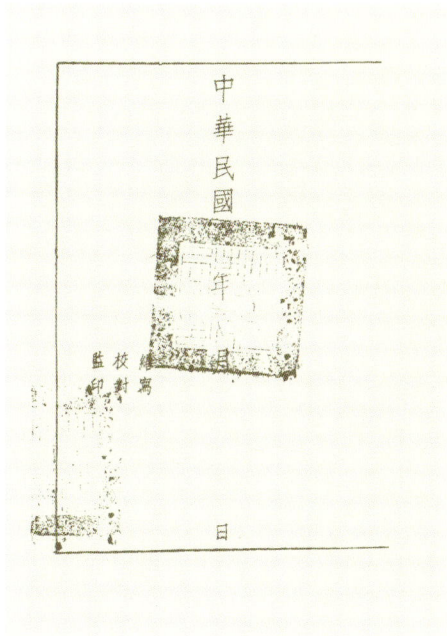

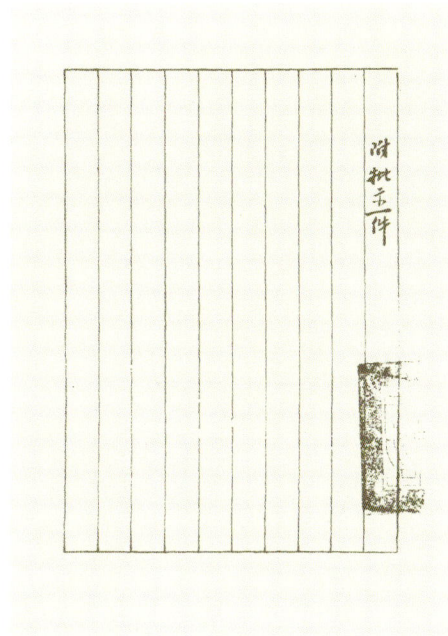

北平市公安局为批准常耀
奎等继续组织中国回教俱
进会给内二区下达指令

*以上三份"北平市公安局文件"均收藏于北京市档案馆。

2．北平清真学社

　　1917年由牛街礼拜寺京师公立第一两等小学堂学生张德明等人发起组织，经京师警察厅批准立案后正式成立。其宗旨为"专在研究学术、阐明教理"。社址设在北京牛街礼拜寺。选社长1人，干事4人，设总部一处。据《社员规约》，其工作义务有：(1)对于教务之利弊，有以文字提倡之责，但不得攻击个人私德。(2)对于非回教人关于本教教理教务之误解及诋侮，有以文字驳正分辨之责，但不得涉及挑衅辞意。(3)对于同教人及非同教人宗教之疑问，有解释之责。(4)对于教理教法之争执，有引经据典以调解之责。一般每周集议一次，研讨学术，将研究所得公布于宗教界。无入社费，但社员有负担活动经费之义务，一切费用由社员平均负担。凡成年穆斯林，具有研究能力者，均可加入成为社员。1921年以后，因社员南北分散，社务乃陷停顿。该社为中国伊斯兰教现代史上早期学术团体之一，其主导思想和学风对以后的伊斯兰学术研究产生了一定的影响。

北平清真学社向京师警察厅报送建社的立案呈文[1]

京师警察厅批准建社复文[2]

---

[1] 摘自白寿彝：《中国伊斯兰教史存稿》，第400～401页，宁夏人民出版社，1983年。

[2] 摘自白寿彝：《中国伊斯兰教史存稿》，第40页，宁夏人民出版社，1983年。

北平清真学社社员规约[1]

3．北平清真书报社

现代中国伊斯兰经书出版发行单位。清末民国初年由北平牛街马魁麟阿訇创办，社址位于牛街寿刘胡同，回族将领马福祥将军为其题写社名。是辛亥革命以来中国伊斯兰教"新文化运动"的产物。其宗旨是："传播伊斯兰教文化，扩大穆斯林的知识视野"。主要出版经销各种中阿文经书、挂图和阿拉伯世界出版物等，其书刊远销海内外，颇具影响。1956年停办。1921年和1931年，马宏道阿訇先后主编出版了《清真周刊》和《正道》两种杂志，为穆斯林学习伊斯兰知识，传播伊斯兰文化，促进中国与阿拉伯世界文化交流作出了重要贡献。

[1] 摘自白寿彝：《中国伊斯兰教史存稿》，第401～403页，宁夏人民出版社，1983年。

马宏道像

　　马宏道（1900～1968年），字联华，回族，我国著名穆斯林学者、教育家。出生于北平牛街一个闻名的经学世家。童年就读于牛街礼拜寺附设之儿童阿文班。稍长，先后投师于天津王静斋等阿訇门下。1921年，在北京创办《清真周刊》。1922年3月随王静斋赴中东学习考察，后入土耳其伊斯坦布尔大学，1932年毕业，获哲学硕士学位。1935年中土建交后任中国驻土耳其公使馆三等秘书。1948年任西安西北大学边政系教授。1949年任新疆学院教授、新疆省政府顾问、新疆警备司令陶峙岳的少将高参。新中国成立后，参加西北上层人士组成的和平谈判代表团与马鸿宾进行和平解放宁夏的谈判。抗美援朝时，曾赴朝鲜做土耳其俘虏的思想工作。归国后先后任甘肃省民委委员、甘肃省伊斯兰教协会委员等职，60年代初调至中国伊斯兰教协会。

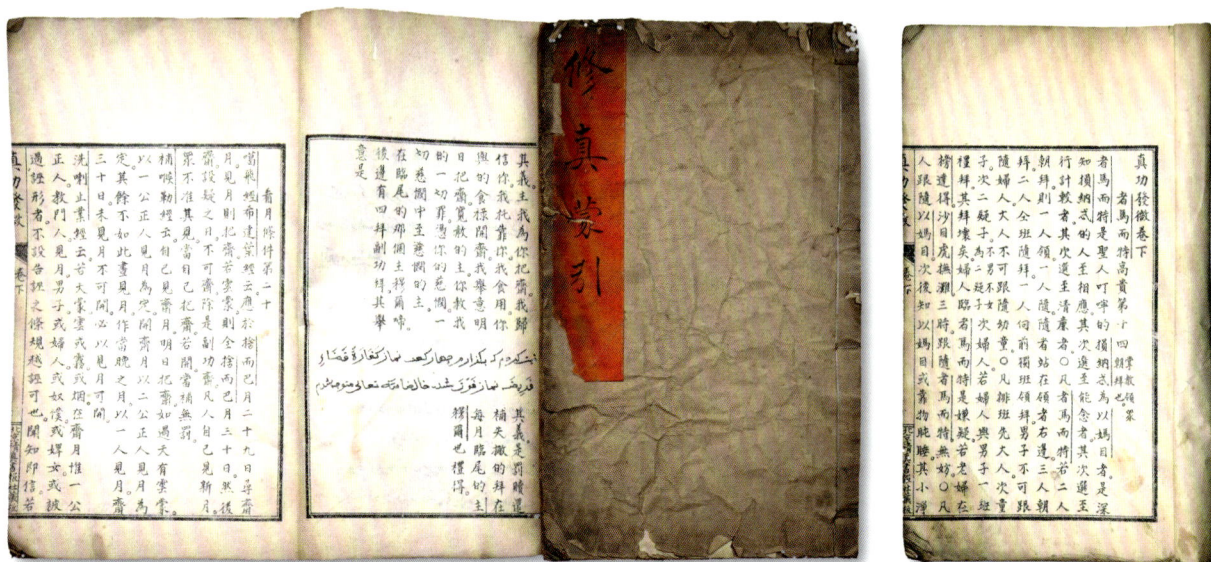

清真书报社经销的部分经书

《清真周刊》

《清真周刊》1921年1月在北京创刊，马宏道主编，北平清真书报社出版。以"宣扬教理、剖析疑问、提倡教育实业而谋生活改造"为宗旨，设有论说、闲评、小说、杂组、答问、典理择要等专栏。主要著录宣扬教义、阐扬教理、介绍各地回教教育状况的短文等。

售书广告[1]

《正道》

《正道》1931年创刊。原为月刊，后改为半月刊。马宏道任编辑主任，北平"追求学会"主编。社址在牛街清真书报社内。其宗旨是研究伊斯兰教史乘、教义、经典；介绍国外伊斯兰教现状；刊登《古兰经》译解、宗教习俗及少量文艺作品等。

清真书报社售书广告[2]

[1] 摘自《晨熹》杂志。
[2] 摘自《晨熹》杂志第三卷。

第二章

建筑艺术
Architectural Arts
الفن المعماري

清真寺的建筑艺术随着伊斯兰教的广泛传播而发端。在不同的历史时期、不同地域、不同民族，清真寺建筑反映着时代的、本土的、民族的特色。中国穆斯林将阿拉伯伊斯兰教建筑形式与中国传统的殿宇式建筑艺术相结合，将中国伊斯兰教文化通过建筑布局、形制、绘画、书法、雕刻等艺术形式表现出来，从而形成了独具中国民族特色的清真寺建筑艺术。

Mosque architectural art has developed with Islam evolution in different periods and being varies with eras, regions and nationalities. China's mosques are always featured with local flavors; it is a combination of Chinese palace hall structure and typical Arabic or middle-east mosques, reflecting Muslim culture via overall layout, formation, paintings, calligraphy and carvings, thus forming an unique Chinese Muslim architecture.

ظهر فن المساجد المعماري إلى حيز الوجود مع انتشار الإسلام على نطاق واسع. ولكن مباني المساجد التي أنشئت هنا وهناك على أيدي مختلف القوميات هي انعكاس للسمات العصرية والاقليمية والقومية. أما المسلمون الصينيون فقد دمجوا الأسلوب المعماري العربي الإسلامي مع الأسلوب المعماري التقليدي الصيني القصري الشكل لإظهار الحضارة الإسلامية الصينية عن طريق توزع مباني المساجد وأشكالها وما تفتخر به من الرسومات والمخطوطات والمنحوتات وغيرها من الأشكال الفنية. وعلى هذا النحو تم لهم تكوين فن المساجد المعماري المتميز بالخصائص الصينية الفريدة.

（一）建筑布局

　　牛街礼拜寺占地面积约10000平方米，建筑和布局运用了中国宫殿式和阿拉伯式相结合的手法，建筑形式为中国传统的宫殿式大木结构，其内装修采用了浓厚的阿拉伯伊斯兰教文化的装饰风格，形成了中国式伊斯兰教建筑的独特形式。寺坐东朝西，自西向东中轴线上依次布局为照壁、正门、望月楼、礼拜殿、邦克楼、对厅（七间房）等。中轴线两侧对称排列着南、北碑亭和南、北讲堂。寺院南侧为男沐浴室和阿訇宿舍。东院东北角为还建的清真女寺。全寺建筑布局对称严谨，构思精巧，砖木结构凝重肃穆，泥金彩画富丽堂皇，为全国重点文物保护单位。

　　牛街礼拜寺正门对面马路西侧是一座照壁（俗称大影壁），长32米，高4.40米。影壁青砖筒瓦，大脊长伸，汉白玉石叠砌，束腰处浮雕生动，图案精美，其中部右方有一幅"四无图"石雕，即"有棋无人下，有钟无人敲，如意无人佩，炉在无人烧"[1]。绕过影壁，便到了清真寺正门。寺的正面有五个门，正门在望月楼下，门前有一座木质三间牌坊，朱漆彩绘，牌坊前有汉白玉石桥一座，牌坊上悬"达天俊路"匾额与望月楼上高悬的"敕赐礼拜寺"匾额原为皇帝御笔，蓝地金字，雕花金边。"文革"中两块匾额被毁，1979年重修礼拜寺时，敕赐匾改为"牛街礼拜寺"，"达天俊路"还用原词，均为刘东声所书。该门平时紧闭，只在开斋节和宰牲节时开启。左右有两个掖门，掖门外侧还有两个小边门，平时只有南边门开启。

　　望月楼为六角形亭式，双层飞檐，亭顶覆以上黄下绿的琉璃瓦，孔雀绿色的斜脊六角攒尖，上有金黄色琉璃陶宝顶。每年回历九月进入斋月时，阿訇、乡老们登楼寻望新月，以定斋月始

---

[1] 《北京文史资料选编·宣武卷》，第176页。笔者认为，伊斯兰教没有偶像崇拜，所谓的"四无"是指无人物、动物形象，所以笔者将"炉在无香烧"，改为"炉在无人烧"。

末，故名"望月楼"。走过甬道，便进入了第二进院落。

院内正西为礼拜大殿，大殿由窑殿、大殿和抱厦组成。窑殿始建于辽代，其余部分由明、清两代陆续建成。大殿有五楹三进，殿内总进深约39米，面积约760平方米，可容千人礼拜。殿内最前面是一座六角形攒亭式的窑殿建筑，内部为穹窿结构，顶上横壁处至今仍保留着原有色彩的宋式彩绘。窑殿两侧各有一个镂空的窗棂，图案为阿拉伯文。殿内前面两侧，挂有四个圆匾，殿内正中悬有金字匾额，并有主柱18根，组成了21个拱门，殿内拱门仿阿拉伯式上尖弧形落地，拱门门券上还有堆粉贴金的阿拉伯古代艺术书体——库法体《古兰经》文和赞美穆圣的词句，经文字体苍劲有力。柱子上饰有蕃莲图案，皆为红地，沥粉贴金，精巧细致。殿内金光灿灿，光彩夺目，更显庄严富丽，给人以圣洁肃穆之感。

大殿外，有南北两座碑亭。亭内碑刻均刻于明代弘治九年，一通为"敕赐礼拜寺碑"，另一通为"敕赐礼拜寺增修碑"。殿外正东是宣礼楼（又称邦克楼），是用于呼唤人们前来礼拜。两座碑亭外侧为南北讲堂。位于邦克楼东面是东大厅（亦称对厅、七间房），现作为接待宾客、文物陈列和藏书室使用。

在东大厅东南角有一跨院，院内古柏青青，古柏下有两座黑色大理石坟冢（原为砖冢），即宋元时期两位远道来中国讲学的筛海墓。两座古墓保存完好，碑文字迹清晰，为国内少有的珍贵文物。

大殿迤南跨院，还设有宽敞洁净的阿訇宿舍和男沐浴室。绕过东大厅进入第三进院落，北侧四面各有一座五间房建筑。西面为穆斯林做礼拜的副殿。东五间房和南五间房为《牛街礼寺历史文化陈列》厅，北五间房为教室。东北跨院是还建的清真女寺。使牛街礼拜寺占地面积由原来的6000余平方米扩至约10000平方米，形成了牛街礼拜寺今日规模。

1958年牛街礼拜寺平面图

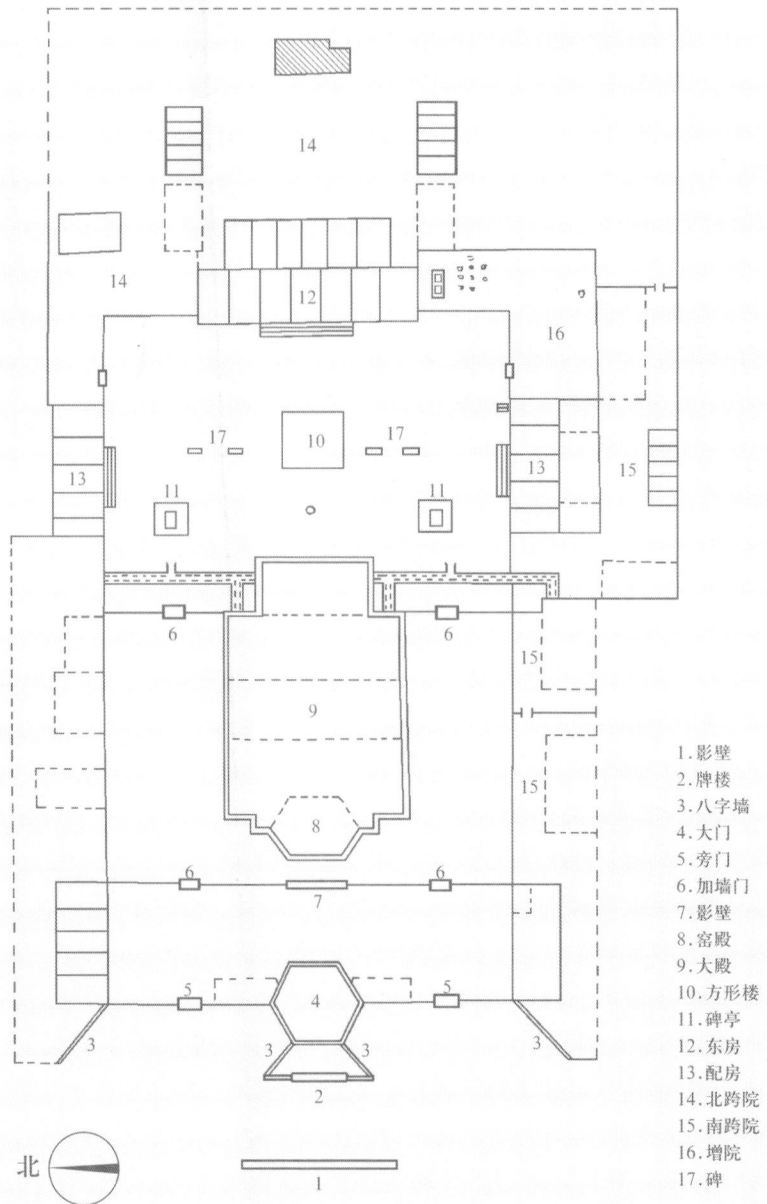

1.影壁
2.牌楼
3.八字墙
4.大门
5.旁门
6.加墙门
7.影壁
8.窑殿
9.大殿
10.方形楼
11.碑亭
12.东房
13.配房
14.北跨院
15.南跨院
16.增院
17.碑

北

2007年牛街礼拜寺平面图

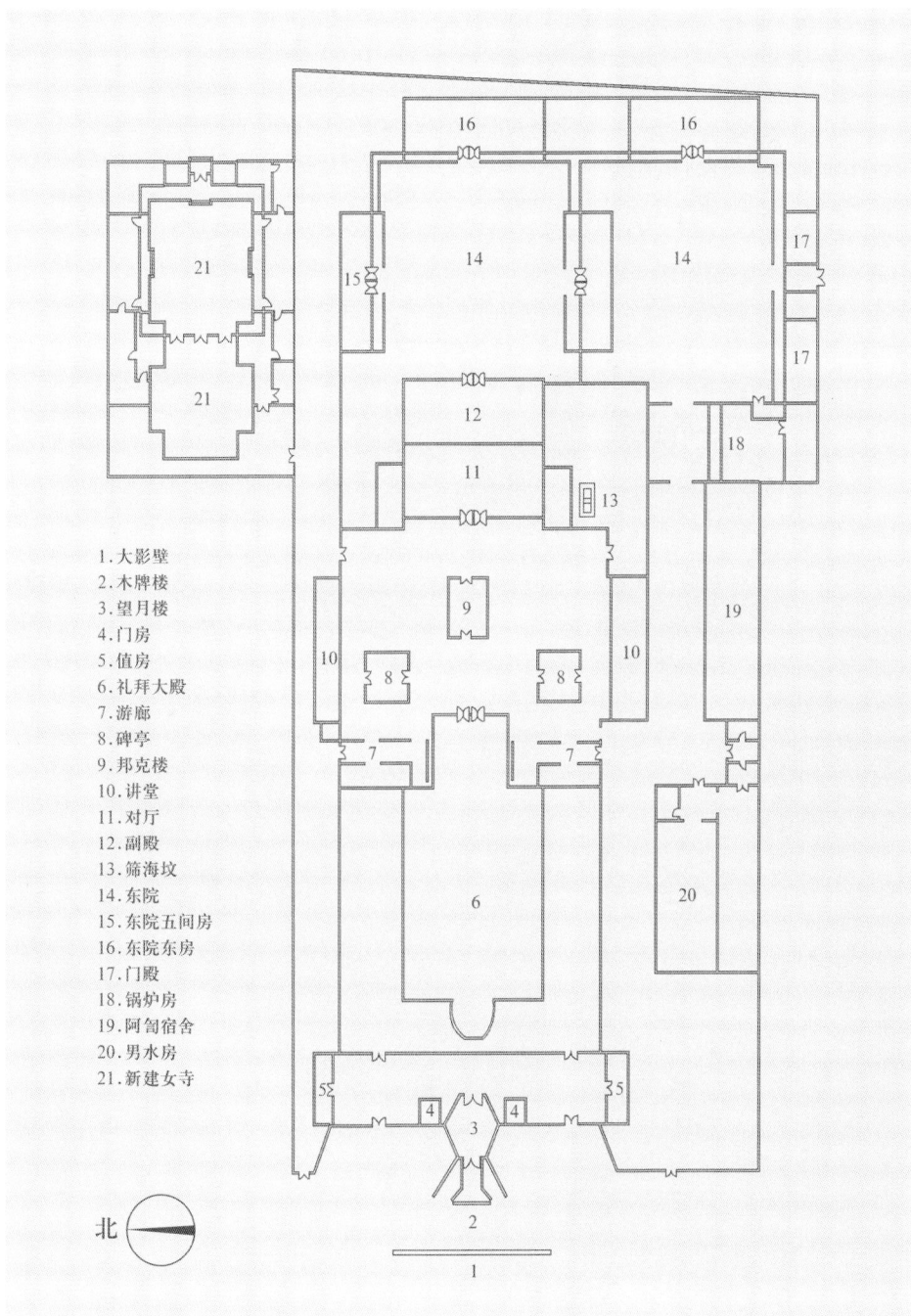

1.大影壁
2.木牌楼
3.望月楼
4.门房
5.值房
6.礼拜大殿
7.游廊
8.碑亭
9.邦克楼
10.讲堂
11.对厅
12.副殿
13.筛海坟
14.东院
15.东院五间房
16.东院东房
17.门殿
18.锅炉房
19.阿訇宿舍
20.男水房
21.新建女寺

北

悬挂于礼拜寺正门牌坊上的"达天俊路"金字匾

掖门、甬道（南侧）

披门、甬道（北侧）

◈三 建筑特色

　　牛街礼拜寺，为外中内阿合璧的殿堂式古代建筑群。寺院建筑采用我国传统的中轴线院落式布局和传统的木结构建筑式样。寺坐东朝西，面向圣地麦加克尔白天房；寺内设置了望月楼、水房、窑殿、邦克楼等伊斯兰的特殊建筑；大殿采用阿拉伯式拱形木隔断以及阿文券窗等作为装饰，体现出浓郁的伊斯兰教文化特色。

望月楼

　　始建于清康熙年间，为牛街礼拜寺正门和标志性建筑。楼前立有木牌坊和汉白玉石桥。历史上因斋月时阿訇、乡老要登楼望月以定斋月始末而得名。

邦克楼

明弘治九年（1496年）重建，前身为宋熙宁年间（1068～1077年）坎马丁之子马哈茂创建的尊经阁。礼拜前阿訇登楼呼唤教众前来礼拜，故又称宣礼楼或唤礼楼。

礼拜大殿内景

牛街礼拜寺主要建筑。由窑殿、大殿和抱厦组成。窑殿始建于辽代，其余部分经由明、清两代陆续建成。殿内总进深39米，面积760平方米。大殿内的装饰融阿拉伯艺术和中国传统风格为一体，极富特色。殿内保存建于辽代的"米哈拉布"（龛式木雕经文阁）、"敏拜尔"（宣讲台）等文物。

礼拜大殿窑殿外景

礼拜大殿窑殿内的"米哈拉布"

1．绘画艺术

　　伊斯兰教禁止偶像崇拜，绘画装饰题材不同于中国传统的以人物、动物为主题，而多以博古图案、几何纹、植物纹、文字纹等作为绘画艺术装饰。我国宋代的建筑与宋代的经济一样达到中国封建社会的颠峰。在《营造法式》中明确规定了宋代建筑彩绘制度，只有皇宫宗庙等级高的建筑才施彩绘，一般建筑不施彩绘，或以素造，或涂丹朱，或用黑漆。牛街礼拜寺窑殿内，除保存有大量宋式彩绘外，还采用了博古、花卉图案，成为中国清真寺建筑绘画的一大特点。

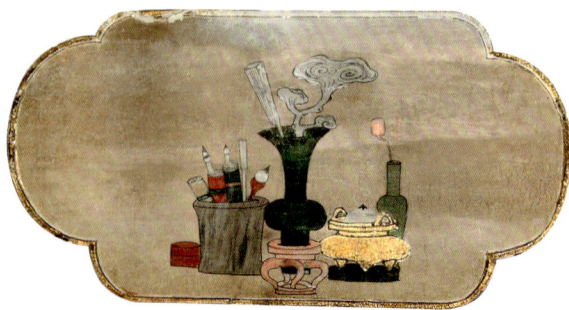

礼拜大殿窑殿内宋式博古、花卉图

礼拜大殿窑殿六角攒尖式殿顶仰视

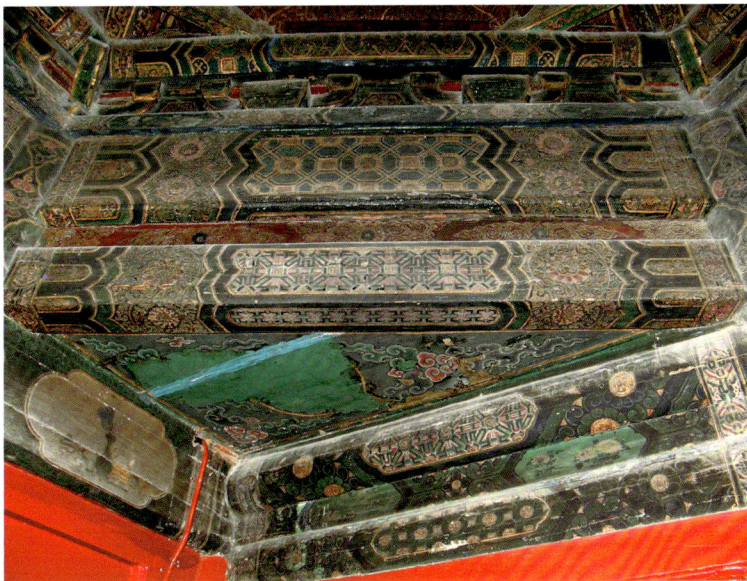

礼拜大殿窑殿内宋式风格彩绘

礼拜大殿窑殿内宋式风格彩绘

礼拜大殿明清式博古、花卉图

礼拜大殿明清式博古、花卉图

阿拉伯文的旋子彩绘

　　牛街礼拜寺建筑绘画装饰中大量彩用了旋子彩绘，其花纹多用旋纹，因而得名。最早出现于元代，由于画法多种多样，画面布局灵活，富有变化，形成了中国明清官式建筑中特有的花式。使用中有系统的等级划分，一般官衙、庙宇的主殿，坛庙的配殿以及牌楼等建筑物都用这种彩画。也是中国建筑装饰史上使用时间最长，应用范围最广的彩绘种类。

　　值得注意的是，传统的旋子彩绘枋心内可画龙画锦并施以重彩，还可以点金，名称有"龙锦枋心"、"花锦枋心"、"一字枋心"等类型。但牛街礼拜寺南北碑亭、枋处的旋子彩绘枋心内画的是阿拉伯文书法。这不仅表明牛街礼拜寺是明代皇家的官寺，同时也是中阿文化的载体，是典型的中国清真寺文化。

礼拜大殿天花

礼拜大殿抱厦内景

2．书法艺术

阿拉伯书法艺术的发展与宗教紧密相联。最早的《古兰经》是用阿拉伯文录写的。伊斯兰教特别强调正确誊抄《古兰经》，随之发展了伊斯兰书法艺术。并把书法艺术融汇到绘画、雕塑、建筑、彩陶、编织等工艺上，形成了伊斯兰世界独创的书法艺术形式。牛街礼拜寺建筑上大量地采用了阿拉伯文字装饰，如窑殿的"米哈拉布"、礼拜大殿内木隔断上的库法体经文、大殿门楣上的一笔"太思迷"匾，以及寺内碑亭上的旋子彩绘等等，正是阿拉伯书法艺术与中国文化相结合的具体体现。

1

2

阿拉伯文圆匾一组
译文依次是：

1．的确真主喜爱信道者（信士）

2．的确真主喜爱托靠（主）者

3．的确真主喜爱忏悔者

4．的确真主喜爱敬畏者

3

4

阿拉伯文"太思迷"匾　意为"奉至仁至慈的真主之名"。

阿拉伯文《古兰经》匾　意为"尊大的真主说：真主一定不使行善者徒劳无酬"。

库法体，属阿拉伯古老的一种书法体。伊斯兰教以前，库法体早已在阿拉伯半岛流行。当时，该半岛北部及豪拉山周围的人使用希拉体和安巴尔体，即库法体的前身。伊斯兰教初期，库法体备受推崇，很快传遍各地，遂正式以伊拉克历史文化名城库法而命名。广泛用于书写《古兰经》、清真寺建筑装饰、宫廷文献和雕刻碑文，打印钱币以及向邻国及各部落致书、缔约等，成为当时伊斯兰教传播的重要工具。用库法体书写《古兰经》，一直延续了几百年，到阿拔斯王朝时期，库法体达到鼎盛时期。自11世纪起，一般不作书写之用，而广泛作为装饰性字体流行于世。其特点是粗犷有力，棱角分明，具有整体感。

阿拉伯风格木隔断上的库法体经文

1

2

3

4

5

6

窑殿内顶圆形阿拉伯文装饰
译文依次是：

1. 真主是高尚美德的保护者
2. 真主是祈祷的应答者
3. 真主是幸福好运的掌管者
4. 真主是事无巨细的裁决者
5. 真主是品级地位的管理者
6. 真主是吉庆福气的归宿

殿窑"米哈拉布"上书写的金色经文

　　伊斯兰教清真寺礼拜殿设施之一。"米哈拉布"为阿拉伯语音译，意为"凹壁"、"窑殿"。西方有译为"壁龛"。设在礼拜大殿西正中处的小拱门，其方位朝向麦加克尔白，以标志礼拜的方向。

女寺"米哈拉布"

窑殿阿拉伯文镂空窗　意为"赐予人类幸福的真主"。

窑殿阿拉伯文镂空窗　意为"赐予人类恩典的真主"。

3．雕刻艺术

雕刻艺术，是中国古代建筑的重要组成部分，主要用于装饰寺塔、殿宇、亭轩和墙面、影壁等。牛街礼拜寺的建筑雕刻均为中国古代建筑的传统样式，但其细部特征又表现出了伊斯兰教文化的特点。例如，伊斯兰教没有偶像崇拜，建筑装饰一般不采用人物、动物图案。牛街礼拜寺照壁上的"四无图"、清真寺院早期建筑装饰"无眼兽"均是伊斯兰教文化特征的体现。

照壁正脊"凤冠莲花"(亦称"丹凤朝阳")砖雕

照 壁

照壁石雕装饰"四无图"

　　四无："有棋无人下、有钟无人敲、如意无人配、炉在无人烧。"伊斯兰教视《古兰经》为真主的言语，强调真主独一，而无形象的存在，没有偶像崇拜。因此，牛街礼拜寺早期的建筑装饰没有人物及动物图案。

北掖门正脊砖雕

无眼兽砖雕

无眼兽砖雕

无眼兽砖雕

无眼兽砖雕

无眼兽砖雕

原寿刘胡同清真女寺山墙砖雕

门楣浮雕装饰

门楣浮雕装饰

门楣浮雕装饰

礼拜大殿顶砖雕

礼拜大殿顶砖雕

礼拜大殿顶砖雕

第三章

寺藏文物

Deposit Relics

التحف المحفوظة في المسجد

中国伊斯兰教文化是中国传统文化的重要组成部分，包括具有中国伊斯兰教特质的文化，以及在中国伊斯兰教背景下成长发展起来的民族性和非民族性文化。在延绵千年的牛街清真古寺中，不仅保留着先贤们留下的建筑杰作、经典文献，还藏有承载牛街礼拜寺历史文化的重要文物载体：经书、古籍、陶瓷、铜器、匾额、石刻等。

Chinese Islam culture is an active part of traditional Chinese culture, which includes a Chinese featured Islam culture, and national or non-national Islam culture under China's background. In this over 1000-year old Niujie Mosque, there are not only architectural masterpieces and classical documents but also Niujie Mosque's unique relics, including early versions of Islamic classics, ancient books, ceramics, bronze ware, horizontal inscribed boards and stone carvings.

الحضارة الإسلامية الصينية هي جزء هام من الحضارة التقليدية الصينية علما بأن هذه الحضارة تشتمل على الحضارة المتمزية بالسمات الإسلامية الصينية كما تشتمل على الحضارة القومية والحضارة غير القومية اللتين تطورتا تحت خلفية الحضارة الإسلامية. وليس فقط إن مسجد نيوجيه العريق العائد تاريخه إلى أكثر من ألف سنة لا يكتفي بحفظ ما خلفها الأسلاف الصالحون(رحمهم الله) وراءهم من التحف التي تشتمل على نماذج المباني والأسفار الدينية والكتب القيمة بل يفتخر بحاملات التحف الهامة ومن ضمنها الأسفار الدينية والكتب الكلاسيكية والأواني الفخارية والنحاسية واليافطات الفريدة والمنحوتات الصخرية الخ .

一 经书

《古兰经》是伊斯兰教唯一的根本经典。"古兰",阿拉伯文al-Qur'an的音译,意为"诵读"、"宣读"。汉文旧译有"可兰经"、"古尔阿尼"、"宝命真经"等。在公元610～632年间,安拉陆续颁降给穆罕默德圣人,是安拉的语言和启示。各种启示最初由穆罕默德和弟子们默记、背诵或记录在皮革、石片、兽骨、椰枣叶等上面,后经哈里发艾卜·伯克尔、欧麦尔和奥斯曼指派专人追记、搜集、核实、抄写、保存,并于奥斯曼在位时汇集成卷,划分章节,形成定本,遂称"奥斯曼定本",共30卷,114章, 6236节古兰经文和77934个词汇。

全经以公元622年穆罕默德由麦加迁徙麦地那为界,分为"麦加篇"和"麦地那篇"。"麦加篇"计86章,约占总章数四分之三;经文节数大多较短,内容以阐述安拉独一、穆罕默德是安拉的使者等基本信仰为主,旁及宗教哲理、礼仪等。"麦地那篇"计28章,约占总章数四分之一,节数一般较长,内容以伊斯兰教对社会各项主张为主,并涉及生活中的饮食禁忌,以及民、刑等方面的律例。长期以来,以口传和手抄本流传。1530年在意大利威尼斯首次出现印刷本,最早的译本是波斯文,12世纪有古叙利亚文译本,据不完全统计,至今已有60余种文字译本。随着伊斯兰教的传入,《古兰经》也开始在我国流传。我国现存有宋元时的经文石刻和元代(1271～1368年)完整的手抄本。1892年木刻本《古兰经》在云南问世,19世纪中叶以后出现汉文选译本,如马复初的《宝命真经直解》等。20世纪20年代起汉文通译本陆续问世。另外,我国新疆地区有维吾尔族学者谢米思丁的维文译本。

《古兰经》是阐述伊斯兰教义和制定教法的首要依据,是历史上各伊斯兰王朝和当代伊斯兰教国家的立法依据和社会生活指导原则。《古兰经》语言文字优美，哲学思想丰厚，是研究伊斯兰历史、文化的经典文献，也是人类宝贵的精神财富。

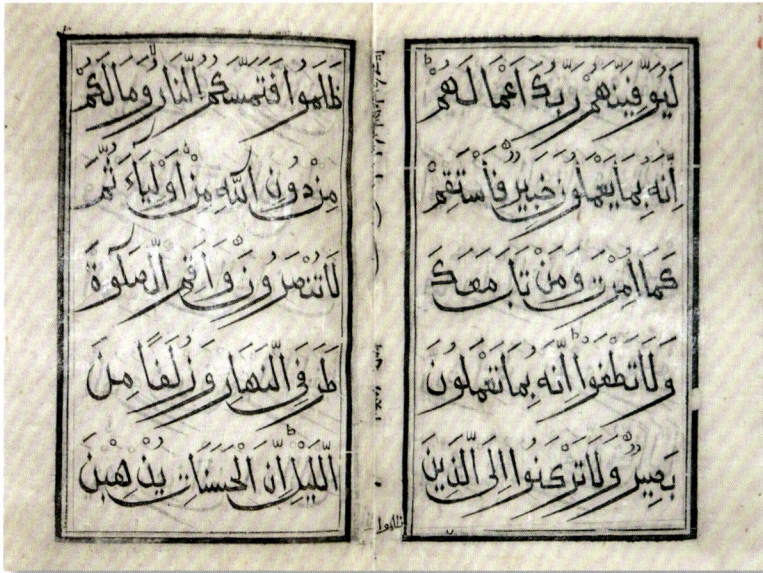

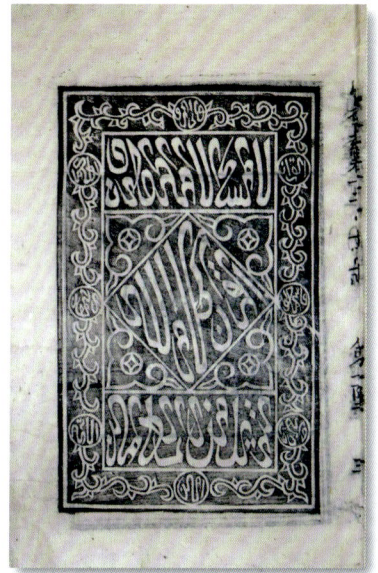

木刻版阿拉伯文《古兰经》　清

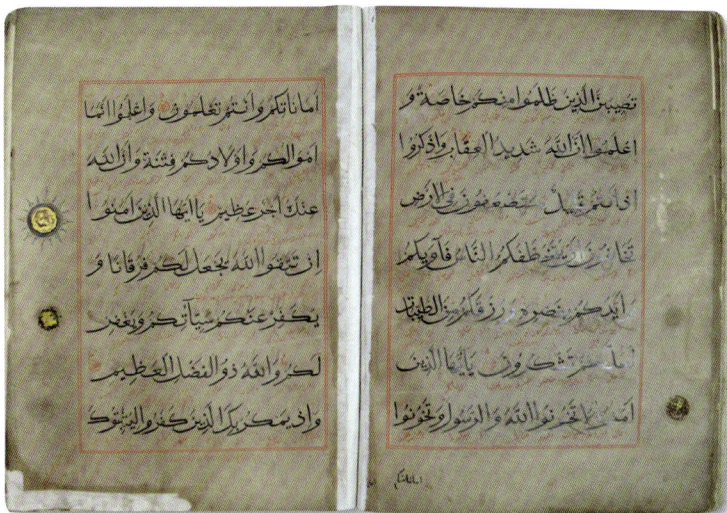

手抄本阿拉伯文《古兰经》

手抄本《古兰经注》 明

　　《古兰经注》是对《古兰经》原文颁降的背景以及读法、语法、修辞、词汇和有关教义、律例、历史事件、寓言、故事等内容分别进行解释的著述（包括口头解释）的通称。在伊斯兰教先知穆罕默德及其门弟子时代，一般用"塔维勒"（意为解释）一词表示这个概念，后来由于解释的范围不断扩大，出现了专门从事解释《古兰经》的独立宗教学科，并以"太弗细尔"（意为阐明）一词作为这种解释的专称，沿用至今。

(二) 典籍

中国伊斯兰教汉文经典，又称"汉刻它布"，是中国穆斯林除《古兰经》、"圣训"外主要学习的教义性的典籍。王岱舆、马注和刘智被誉为明清之际最负盛名的回族三大汉文译著家。他们在当时历史背景下所从事的汉文译著活动，开创了中国伊斯兰教史的新局面。他们采用儒家义理阐释和解说伊斯兰教的汉文译著，历来在中国回族穆斯林中备受推崇，享有盛誉。自明末清初迄今的300余年间，广大回族穆斯林除了诵读《古兰经》和"圣训"外，主要是学习这些"汉刻它布"，尤其是汉文译著中所蕴涵的丰富哲学思想、伦理思想，在广大回族穆斯林中产生过持久而深远的影响。

手抄本波斯文《真境花园》　明

王静斋[1]译。伊斯兰教劝谕性的故事诗集，世界文学名著。原名为《古力斯坦》或《古洛斯汤》，意为"花园"，一译"蔷薇园"，作者为波斯著名诗人萨迪（1209～1290年）。成书为1258年，波斯文。1943年王静斋阿訇译为汉文刊行，取名《真境花园》，1980年水建馥据英文本转译为汉文，由人民文学出版社出版。主要内容：帝王言行、宗教学者言行、论知足常乐、论寡言、论青春与爱情、论老年昏愚、论交往之道、论教育的功效等。

---

[1] 王静斋（1879～1949年）现代中国伊斯兰教著名经学家、翻译家。名文清，以字行。经名叶尔孤白。回族，天津人，出生于经师世家。曾先后投师于著名经师李长贵、马玉麟、于志诚等门下学习经训、教义。26岁学成挂幛后，历任河北、北京、辽宁、天津、台北等地10余处清真寺教长。毕生潜心伊斯兰教学术研究。译著极丰，被誉为"现代伊斯兰教经学大师"。1949年5月25日归真，享年70岁（见《中国伊斯兰教百科全书》，第580页，四川辞书出版社，1994年）。

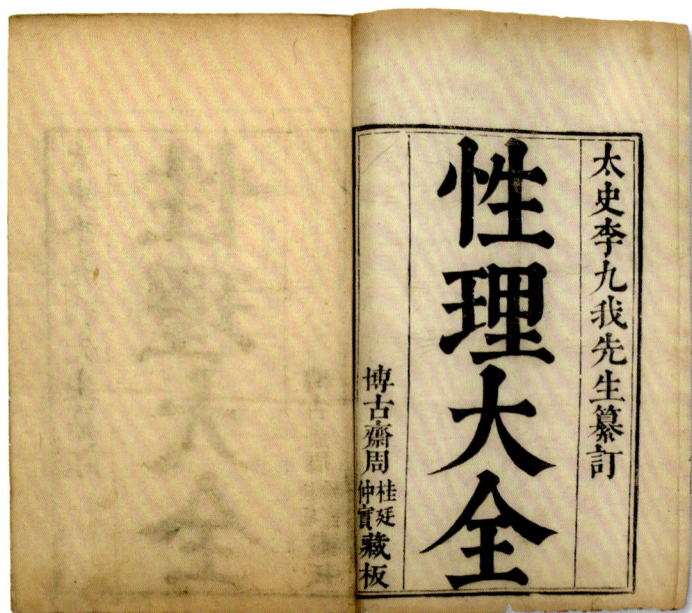

《性理大全》刻本　李九我著　明

明永乐十五年（1414年），成祖朱棣诏修《性理大全》。1417年颁行，定为生员必读书。

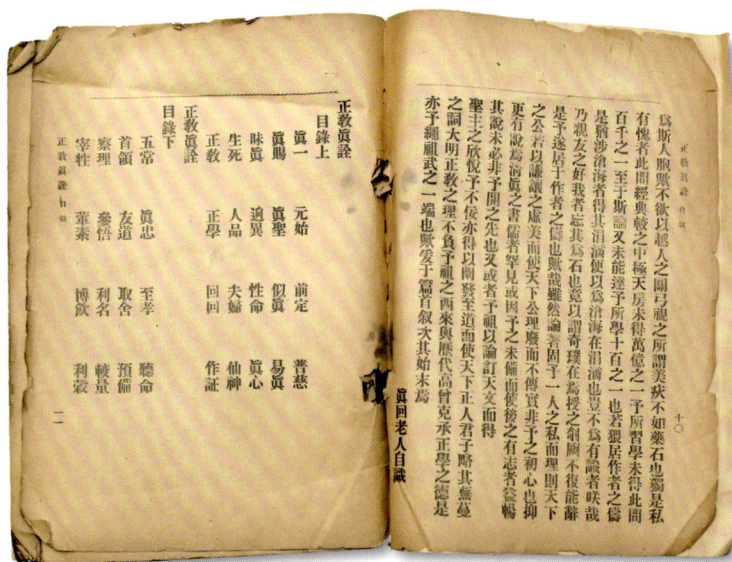

《正教真诠》　民国

中国伊斯兰教汉文著作。王岱舆撰。系结合中国传统哲学思想系统阐释伊斯兰教义的宗教哲学专著。全书分上下两卷，共40篇。上卷讲述伊斯兰教哲学，下卷讲述宗教功修、伦理及两世论等。该书使伊斯兰教义与中国传统思想相结合，对宣扬教义、促进民族之间的了解和团结，起到良好作用，同时丰富了中国哲学思想的宝库。有明崇祯壬年（1642年）本，同时收录了明朝太祖、成祖、武宗、世宗等对伊斯兰教及回回的褒扬之词，以及其他书籍对"回回教"、天方国、回回历等的记述资料。

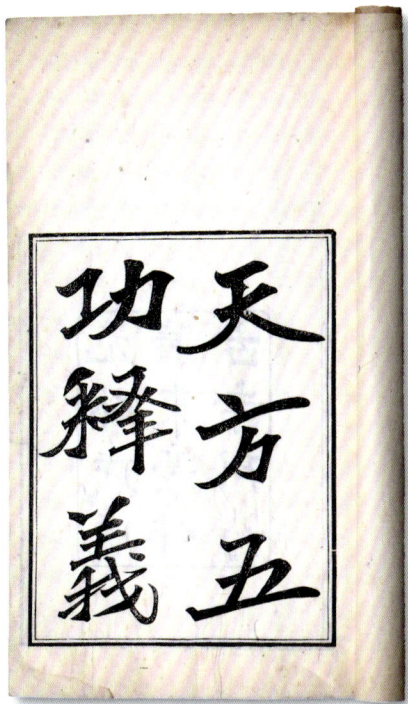

《天方五功释义》 清

《天方正学》 清

中国伊斯兰教关于功修的论著。又称《礼书五功释义》、《一斋五功释义》。清雍正、乾隆年间伊斯兰教学者刘智著。该书以中国儒家性理学说与有关词汇诠释并论证伊斯兰教"五功"及其意义。著者在第一章里讲述了撰著本书的宗旨："圣教五功，念、礼、斋、课、朝，示人修道，而返乎其本初也。念在知所归，礼在践所归之路，斋以绝物，课以忘己，朝以复命而归真，修此，而天道尽矣"。全书共63章，以纪念先知穆罕默德在世享年63岁。全书可分为三部分，前7章分别为原始、本义、爱恶、外官、内德、心性、正变，综述五功之来由。中间25章从仪、法、义、理、证五个方面对念、礼、斋、课、朝五功进行诠释。最后31章包括旱雨、参化、法象、常德、圣凡、忠孝等部分，从宗教和社会伦理的各个方面阐发五功的意义。

中国伊斯兰教译著，是阐述教义理论的宗教哲学著作。严格地说是一部编译作品。清代咸丰二年（1852年）蓝煦在武昌由阿拉伯文译成汉文。全书共7卷，8万余字。该书运用《周易》、《中庸》、阴阳五行说及宋明理学的观念阐述伊斯兰教的真主独一、道统、性命之学，证明伊斯兰教是穷理尽性，以明正道的真正学问。该书从浩繁的经典中"译其紧要，人所不可不知者，撰著简易，便于诵读，并会通儒书，详明注释"，以"经文为纲，注文为目"，其注文有大小注之别。层次十分清晰。成书于咸丰二年（1852年），初刻于咸丰十一年（1861年）。

三 陶瓷

中国瓷器从初创于商代（称原始瓷），到东汉时期成熟瓷器的烧制成功，是中国人为世界文明史的重要贡献。唐代瓷器的制作技术和艺术创作已达到高度成熟；宋代制瓷业蓬勃发展，名窑辈出；明清时代从制坯、装饰、施釉到烧成，技术上又都超过前代，是中国瓷器生产最鼎盛时期，瓷器生产的数量和质量都达到了高峰。11世纪中国制瓷技术传到波斯，又从波斯传到阿拉伯，15世纪传到意大利及欧洲其他各国。14～15世纪中亚、欧洲所造瓷器中常具有中国风格。中国瓷器和制瓷技术的对外传播，是中国人民同世界各国人民友好往来的历史见证。牛街礼拜寺藏瓷器，主要是明清时期的作品，其中琉璃釉方座阿拉伯文云头三足炉、青花开光阿拉伯文三足筒形炉、青花开光阿拉伯文异形花插等都具有鲜明的中国工艺和伊斯兰的文化特色，为寺藏的代表作品。

青花开光阿拉伯文异形花插　明

高23、口径11×8.5厘米

扁圆柱形、中空、截面略呈圆角长方形、顶部有7个圆孔。通体雕塑数朵青花花卉和卷云。两面上下分别绘青花单线圆形开光和菱形双线开光，内书阿拉伯文。

青花开光阿拉伯文三足筒形炉　明·正德

高16、口径19.5、底径19.5厘米

炉身呈筒形、平底、底有三圭形足。炉身饰三组青花阿拉伯文开光，分别译为"真主是掌管品级者"、"真主是掌管知足者"、"真主是善者的最善"，开光间点缀花草纹。

青釉暗花三足筒形炉　明

高21.5、口径27.5、底径24厘米

炉身呈圆筒形，上部微外撇，平唇，平底微凸，中间有
脐，下有三蹄足。通体施青釉，有细密开片。炉身暗刻花卉纹。

青花开光花卉纹三兽足筒形炉　明·万历

高15.5、口径11.5、底径19厘米

炉身呈圆筒形，平唇、平底、底有三兽足，口沿下有一鼓棱。口沿处饰卷草纹，器身除鼓棱部分外为锦地，鼓棱上下各有三组开光，内均绘花卉纹。

炉身浮雕阿拉伯文拓片

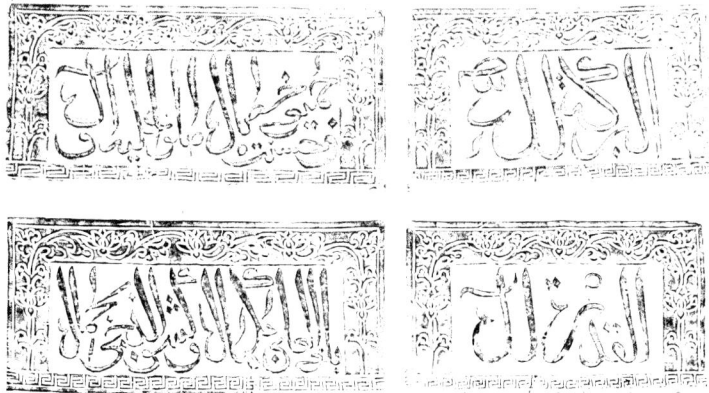

方座浮雕阿拉伯文拓片

炉底款识拓片

琉璃釉方座阿拉伯文云头三足炉　清·康熙

通高51厘米 炉高29.5、口径31、底径30.5厘米 方座高22、长46.5、宽37.5厘米

炉呈圆筒形、平唇、平底，底下有云头形三足。通体施黄琉璃釉。口下、足上各饰线刻回纹一周。正面口沿正中浮雕楷书"敕赐礼拜寺"一行五字，炉身浮雕阿拉伯文一周，文字皆涂以黑琉璃釉，译为"真主的确怜悯先知，他的天神们的确为他祝福。信士们啊！你们应当为他祝福、应当祝他平安"。炉底正中阴刻双线长方形框，框内阴刻"康熙戊寅年(1698年) 许碧张国钦造"款识。

座呈长方形、座体中空，座面有一圆形凹槽，用以置炉。座面四角各饰线刻荷莲纹一朵，四立面各浮雕阿拉伯文一组，分别译为"大能全归真主"、"吉庆全归真主"、"他的一切习性真好啊！你们为他及其家属祝福"。四周围以缠枝莲纹、回纹。座体施绿琉璃釉、莲花、回纹施黄琉璃釉，阿拉伯文涂黑。

琉璃釉带座阿拉伯文圆香盒　清·康熙

　　通高25.5厘米　盒高14、直径40、底径33厘米　座高13、直径39、底径40厘米

　　香盒呈圆形，子口，圈足，附盖。盖施黄琉璃釉，盖面正中浮雕阿拉伯文，译为"一切赞颂全归真主"，文字部分涂黑，周围阴刻云头纹一周。盒通体施绿琉璃釉。座呈圆形，须弥座状，如意形圭脚。通体施绿琉璃釉。桌部浮雕朵梅一周。

琉璃釉带座阿拉伯文圆香盒阿拉伯文拓片

琉璃釉四足方座莲花纹圆香熏　清·康熙

通高38厘米　熏通高26、口径30.5、底径27.5厘米　盖高13、
直径29厘米　座13.5、直径36.5×36.5厘米

熏圆口，平唇，鼓腹，平底，矮圈足。通体施黄绿琉璃
釉，内壁涂朱。器身浮雕花卉纹一周。盖纽作六瓣莲花状，下衬
卷边荷叶。座呈方形、四圭形足。通体施绿琉璃釉。座面有一用
以放置熏炉的圆形托，四角各阴刻荷莲纹一组。

琉璃釉开光阿拉伯文莲花双耳炉　清·康熙

高22、口径38、底径23厘米

卷沿，鼓腹，下接矮圈足。炉体施黄琉璃釉。肩腹部塑黄绿琉璃釉荷莲形直耳。前后腹部各饰绿琉璃釉框菱形开光一，内刻阿拉伯文，分别译为"先知穆圣说（愿真主赐他平安）"、"万物非主，惟有真主，穆罕默德是真主的使者"，阿拉伯文涂黑。

绿琉璃釉开光阿拉伯文觚　清·康熙

高40、口径26、底径23厘米

喇叭形六瓣花口，平底，中颈部有两道凸棱。通体施绿琉璃釉。凸棱上下各有三组圆形开光，内阴刻阿拉伯文，分别译为"大能全归真主"（上）、"睿智全归真主"（下）。

五彩花鸟纹观音瓶　清·康熙

高18、口径5.5、底径7.5厘米

　敞口、短颈、溜肩、肩下内收、小平底。瓶身绘花鸟纹、口沿处、肩部饰三角纹两周。

仿哥窑兽耳衔环炉　清·雍正

高25、口径34、底径26.7厘米

平沿、短颈、鼓腹、矮圈足，肩部有对称的兽首衔环耳。通体施白釉，有金丝铁线开片纹，口沿处施酱釉。底有一酱釉方形阴刻"大清雍正年制"篆书款。

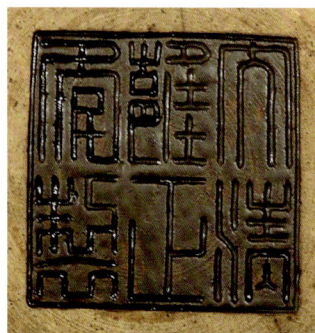

绛釉洒金瓜棱形桥形双耳三足炉　清·乾隆

通高36、口径38厘米

　　圆口、卷唇、短颈、溜肩、瓜棱腹、平底微凹、底有乳状三足。口沿有桥形双耳。通体施绛釉、洒金、底有"大清乾隆年制"篆书款。

青花缠枝莲纹鹿头尊　清·乾隆

高37、口径15、底径18厘米

　　圆口、短颈、鼓腹、圈足，颈部有对称的鹿头形耳。口沿处饰回纹一周，颈部饰锦地万字纹，器身饰缠枝莲纹，腹下部绘变形莲瓣纹，圈足饰萱草纹。底有"大清乾隆年制"篆书款。

青花缠枝莲纹兽耳尊　清·晚期

高25、口径10、底径11.5厘米

　　圆口，鼓腹，圈足，双螭虎形耳。口沿处饰回纹一周，下
为锦地寿字纹，器身绘缠枝莲纹，腹下饰莲瓣纹，圈足处绘三角
纹。底心有"大清乾隆年制"篆书款。

粉彩云蝠纹扁瓶（二件）　清·光绪

左：高33、口径7、底径14.5厘米

右：高33、口径7.4、底径14.7厘米

圆口，长颈，扁圆腹，圈足。口沿下饰金色弦纹、灵芝
纹，瓶身饰云蝠纹，腹下饰变形莲瓣纹。底有"大清光绪年制"
楷书款。

大清光
绪年製

大清光
绪年製

青花"牛街大礼拜寺"云头纹香插（一对）　清

高7、直径7.5、底径7厘米

呈鼓形，凹底，平面微鼓，上有用于插香的5孔。面心饰八瓣
莲纹，外围两道弦纹，器身上部饰云头纹，下部饰莲瓣纹。

粉彩开光花卉纹大花盆（一对）　清·光绪

高31.5、口径34.5、底径26.5厘米

圆口，平沿，深腹，腹下部微内收，凹底，底心有一圆孔。器身施白釉。口沿处饰云头纹，腹底部饰变形莲瓣纹，腹部有四组圆形开光，内绘粉彩四季花卉，开光间辅以粉彩吉祥图案。

绿琉璃釉四足双耳方炉　清

通高34.5、口径36×24厘米

炉身方形、平沿、四圭形足、口沿处有二直耳。通体施绿
琉璃釉。

绿琉璃釉方形烛台（一对）　清

高35、底径28×28厘米

通体施绿琉璃釉。

绿琉璃圆座开光阿拉伯文双耳炉　清中期

通高33厘米　炉高25、口径31.5厘米　座高10、直径28厘米

炉圆口、平唇、扁鼓腹、联裆三乳足、斜立耳。通体施绿琉璃釉。腹部有三组棱角长方形开光，内阴刻阿拉伯文、译为"清高的真主说：'拜功对于信士们是定时的主命'"。

圆座凹底，底部浮雕云头纹。通体施绿琉璃釉。座面有圆形凹坑三、对应炉的三足。

绿琉璃釉开光阿拉伯文烛台（一对）　清中期

通高46、底径15.5厘米

通体施绿琉璃釉。器身有九组阿拉伯文开光，分别译为"主啊！你是创造者，我是被造者"（上）、"最公正判决者的主啊"（中）、"主啊！你是平安的，平安只来自于你"（下）。

红釉瓶　清晚期

高27、口径9.5、底径9厘米

撇口、长颈、鼓腹、矮圈足。通体施红釉。

红釉盖罐 清晚期

通高22厘米   罐口径7.5、底径10.5厘米   盖高6、直径11厘米

罐圆口，直领，溜肩，肩下内收，器身下部外撇，平底。口上有钹式盖。通体施红釉。

红釉窑变瓶　清晚期

高19、口径5、底径8厘米

卷唇、短颈、折肩、直腹、底微凹。通体施红釉。

窑变釉兽耳衔环尊　清晚期

高26、口径10、底径9.5厘米

　　撇口、短颈、溜肩、腹内收、底外撇、凹底、矮圈足。肩部有对称的塑雕铺首。

白地红彩瓦当纹圆花盆（一对）　清晚期

高17、口径23、底径21厘米

　　呈筒形，平唇，凹底，底心有一圆孔。通体白釉，四面各绘红彩瓦当纹。

粉彩开光花鸟纹四足斗形花盆（一对）　清晚期

高16、口径19×19、底径15×15厘米

　　花盆呈斗形，平唇，平底有四圭脚，底心处有一圆孔。平唇上绘朱彩卷草纹，口沿下饰云头纹一周，器身绘西番莲纹，正反面各有菱形开光一，开光内绘花鸟纹，器身底部饰莲瓣纹。

青花折枝花鸟纹钱形镂空绣墩（一对）　清晚期

高47、直径31厘米

　　体作鼓形，平底，鼓腹，底中空，窄宽边，墩上下各有一圈乳钉。通体施青白釉，墩面绘折枝花鸟纹，中间有镂空钱形纹。墩体对称绘有两朵青花花鸟纹，另一侧对称绘镂空钱形纹。

青花牡丹纹花盆（一对）　民国

高27、口径43、底径23厘米

　　平沿、深腹、腹微鼓、圈足、底心有一圆孔。口沿下饰一
周云头纹，腹下部饰回纹、莲瓣纹各一周，器身主纹为牡丹纹。

粉彩黄釉开光山水纹折沿大花盆　民国

高35、口径40、底径21厘米

　　折沿、深腹、下腹微鼓、圈足、平底、底心处有一圆孔。
折沿上墨绘朵花，器身施黄釉，三处圆形大开光内各绘山水人物
图，开光间衬以粉彩朵花。

（四） 铜器

　　铜器，在我国古代多指青铜器，流行于新石器时代晚期至秦汉时代，以商周器物最为精美。商中期，青铜器品种已很丰富，并出现了铭文和精细的花纹。商晚期至西周早期，是青铜器发展的鼎盛时期，器形多种多样，浑厚凝重，铭文逐渐加长，花纹繁复富丽。春秋晚期至战国，由于铁器的推广使用，铜质制品越来越少。明清时期的铜器除钟之外，多为小件作品，但在用料、做工、图案装饰等方面有所发展，其中尤以"宣德炉"代表了明清铜器的最高成就。牛街礼拜寺藏清代三足双耳大铜香炉、敕赐大铜锅和阿拉伯文大铁香炉，不仅造型特点鲜明，而且铸有铭文，为研究牛街礼拜寺的历史提供了弥足珍贵的实物资料。

敕赐大铜锅　清·乾隆

高63、口径150厘米

大口，折沿，深腹，腹下部微鼓。口沿上铸楷书铭文，两边分别为"敕赐礼拜寺记大清康熙壬午岁（1702年）壬寅斋月造"、"敕赐礼拜寺记大清乾隆巳未岁（1739年）丙子斋月重造"。

敕赐大铜锅铭文拓片

大清嘉庆三年秋月吉日建造

香炉颈部铭文拓片

香炉腹部阿拉伯文拓片

阿拉伯文大铁香炉　清·嘉庆

颈部有"大清嘉庆三年秋月吉日建造"铭文；
腹部圆形开光内铸有阿拉伯文。

三足双耳大铜香炉　清·道光

高44、口径52厘米

圆口，折沿，短颈、扁鼓腹，平底微鼓。口沿上铸桥形双耳，底有乳状三足。口沿上铸楷书"道光丁未（1847年）行有恒堂造重一百五十五斤"，底铸"大清道光丁未夏六月定府行有恒堂造"方形楷书款。

阿拉伯文乳丁三足铜炉　清末

高9、口径13.5厘米

圆口、板沿、扁鼓腹、乳丁状三足。腹部三组开光内铸阿拉伯文。底有"大明宣德年制"方形楷书款。

阿拉伯文三足铜炉　清末

高8、口径14.5厘米

圆口，板沿，扁鼓腹，三足。
腹部三组开光内铸阿拉伯文，译为
"'清真言'是最尊贵的赞词"，
底有"大明宣德年制"方形楷书
款。

铜吊罐　民国

通高52、口径20、底径19厘米

　　圆口、矮领、深腹微鼓、平底。底心处有一出水圆孔，肩部有一铁提梁。矮领上阴刻"民国二十二年十一月造"字样，上腹部正反两侧分别竖行阴刻"牛街清真寺"、"祥义驼业置"。

康熙圣旨牌匾　清·康熙

五　匾额

中国古代建筑上多赘有匾额，匾额以其多变的式样和书法艺术与雄伟的建筑交相辉映，和谐统一，成为中国古代建筑不可分割的重要组成部分。几千年来，它把中国古老文化流传中的辞赋诗文、书法篆刻、建筑艺术融为一体，集字、印、雕、色之大成，以其凝练的诗文、精湛的书法、深远的寓意、指点江山，评述人物，成为中华文化园地中的一朵奇葩。牛街礼拜寺藏匾额主要为清代，其中有清康熙三十三年所赐匾额等。

据载，在伊斯兰教斋月中，牛街礼拜寺夜夜灯火通明，来寺礼拜的穆斯林络绎不绝，有南城巡城李御史为此向皇帝密奏："回民夜聚明散，图谋造反。"康熙皇帝为了了解真情，曾微服入寺私访，查明了信奉伊斯兰教的回民遵从主圣，敬慎守法，毫无造反之意。遂将谎奏诬陷回民的李御史查办。为安抚回民告诫官吏，康熙三十三年（1694年）六月特颁发圣谕。录文如下：

康熙三十三年六月

圣谕

朕平汉回古今之大典，自始至之道也。七十二门修仙成佛，诱真归邪，不法之异端种种生焉。已往不咎，再违犯者斩。汉诸臣官分职，时享君禄，按日朝参；而回，逐日五时朝主拜圣，并无食朕奉，亦知报本，而汉不及于回也。通晓各省：如官民因小不忿借端虚报回教谋反者，职司官先斩后奏。天下回民各守清真，不可违命，勿负朕恩有爱道之意也。钦此钦遵。

"率由旧章"匾　清·康熙壬寅年（1662年）

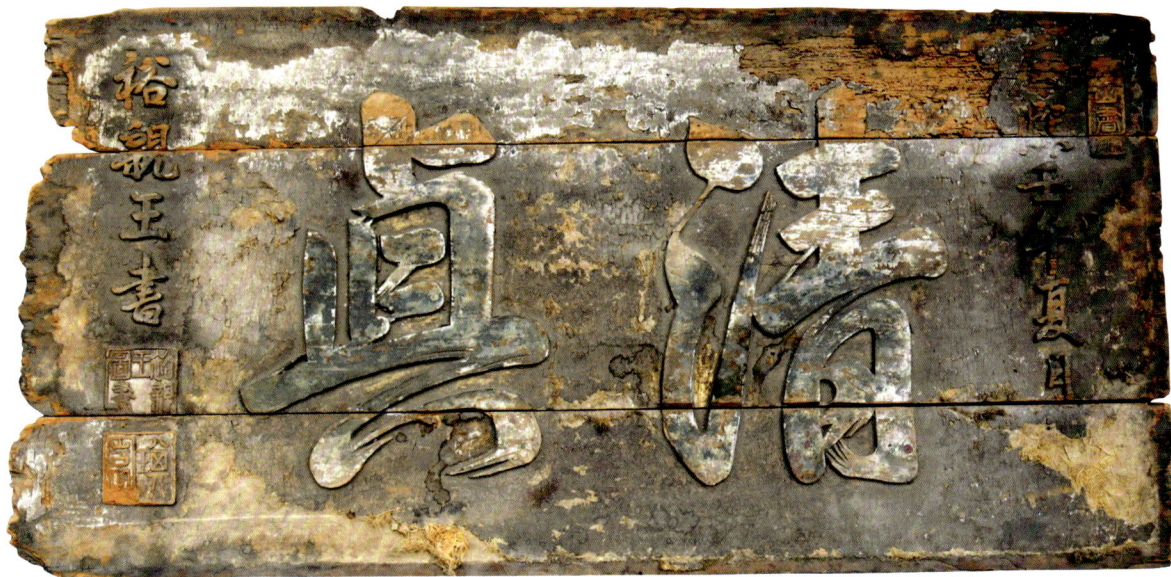

"清真"匾　清·康熙壬午年（1702年）

　　爱新觉罗·福全（1653～1703年），为清世祖顺治第二子。母宁悫妃董鄂氏。康熙六年（1667年）封裕亲王，康熙手下大将军。四十二年（1703年）薨，谥号宪。《啸亭杂录》中说："裕亲王府在台基厂。"《宸垣识略》记载说："裕亲王府在昭忠祠西台基厂。"

"正教殷勤"匾　清·康熙庚寅年（1710年）

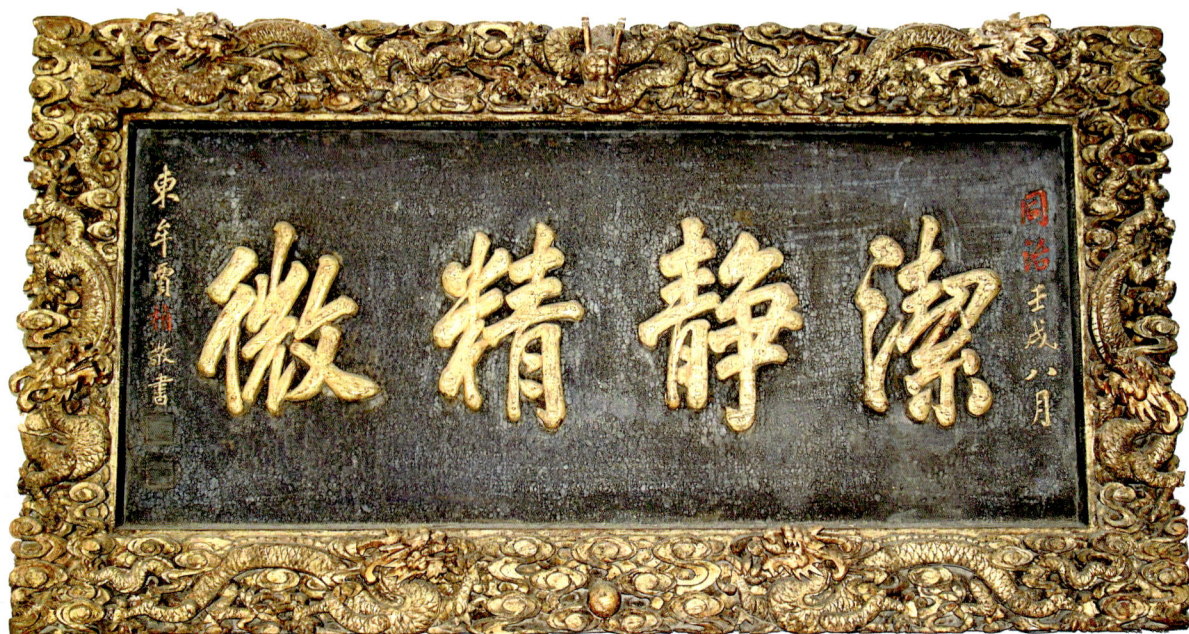

"洁净精微"匾　清·同治壬戌年（1862年）

"清真肃静"匾　清·同治元年（1862年）

"造化之原"匾　清·同治甲戌年（1874年）

"掌握天人" 匾　清·同治十三年 (1874年)

"纲维理数" 匾　清·同治十三年 (1874年)

"敬一归真"匾　清·光绪六年（1880年）

"无微不照"匾　清·光绪乙未年（1895年）

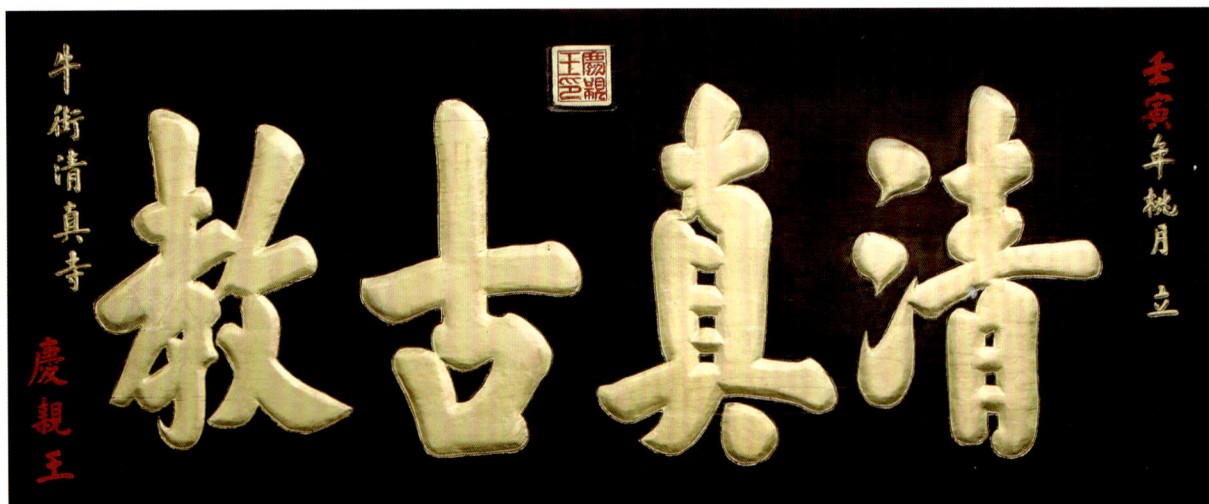

"清真古教"匾　清·光绪壬寅年（1902年）

　　庆亲王奕劻（1838～1917年），满洲爱新觉罗氏、晚清重臣。乾隆帝十七子永璘之孙。道光三十年（1850年）袭封辅国将军。光绪二十年（1894年）封庆亲王。清末新政时期领班军机大臣，宣统三年（1911年）废军机处后出任皇族内阁首任内阁总理大臣。1917年病死府中，清末帝溥仪将其追谥为庆密亲王。

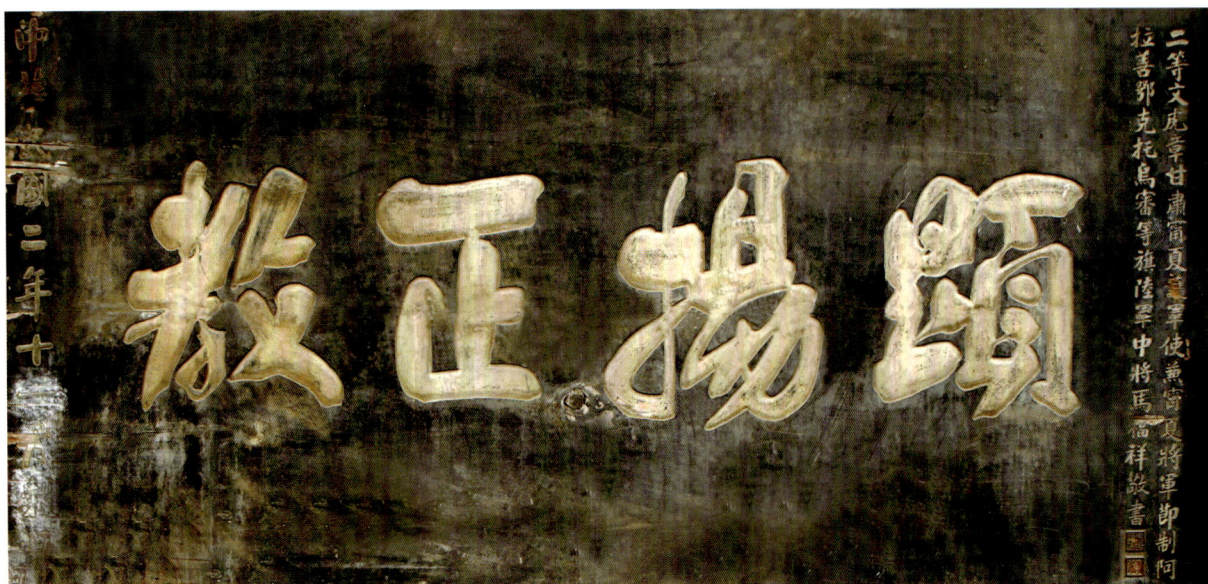

"显扬正教"匾　民国二年（1913年）

"理本一原道宗一脉、敦崇五典敬服
五功" 抱柱楹联 清·光绪乙未年
(1895年)

"七日五时到此须无安想、三才万世其中自有纲维"　抱柱楹联　清

（六） 石刻

　　石刻艺术是造型艺术中的一个重要门类，在中国有着悠久的历史。中国古代石刻种类繁多，古代艺术家和匠师们广泛地运用圆雕、浮雕、透雕、减地平雕、线刻等各种技法创造出众多风格各异、生动多姿的石刻艺术品。牛街礼拜寺收藏的石刻艺术品包括寺内元代筛海墓碑刻、明代敕赐礼拜寺碑、明代敕赐礼拜寺修建碑、清代王浩然王友三颂德碑以及元、明、清历代精美的刻石。

汉白玉浮雕海兽图杆座　　元

石雕花卉纹建筑构件　　元

石雕缠枝莲纹洗　　元

石雕海棠纹洗　明

石雕花卉纹方形座　元

石构件　清

石雕花卉人物方洗　明

王友三、王浩然述德碑螭首　清·光绪二十九年（1903年）

碑额 "敕赐礼拜寺记" 拓片

《敕赐礼拜寺碑记》碑阳拓片 明

位于牛街礼拜寺南碑亭。明弘治九年（1496年）九月刻、碑阳拓片长200、宽93厘米，额高42、宽25厘米；碑阴高201、宽92厘米。碑阴阿拉伯文。

《敕賜礼拜寺碑记》录文

敕賜禮拜寺碑記

鄉貢進士授河南懷慶府□□縣儒學敫□金□跟□□□

羽林□衛合人秘月隱士□燕□□□

維

皇明兗享天心永□□□□□十年來海宇寧發□□措□□弘綱畢舉而片善弗□可以□□

聖化□利風俗□□

皇度者任□以建立□□□□無非□□惡之□□□□子咸得以□□□金不為□□□□□

京□□西南閒五□詳始為草□□□□□□□□□□宜德二年金吾撣□□□

昔古聖人設教□以西□□□□設拜□□□□□□而禮拜之所以然□以

上天至尊至大無比□對以□□□□□□□不少□為造及正統年閒錦衣衞

人稠密

拜禮弗咎同□金帛開展境土廢□前等與造人□一座□山門繯名寺□向來有額

奏請寺額蒙

□□□□

敕賜□□□□□□□□□□□□□惟□

天之□□□□保翰林院□□□□□□□

□□□□□□□□□□

□□□□□□□□上為下□□□□體哉弘治甲□□□□□□協得□□□□□□

□□□□□□□□□□□□□□□□□□□□□□□

銘曰

巍巍殿宇□□□　森森廊廡□□□　□□□□□□□□　□□□□□□□□　□□□□

壯哉儀□□□□　□□渾如摘星閣　□□□□□□□□　□□□□□□□□上□

皇□□萬□　下□□元期難老　□□□□□□□□　□惟二式好更□□□□　□□□□

□□□□□□□　勒銘金同光輝

大明弘治九年歲次丙辰夏六月中旬

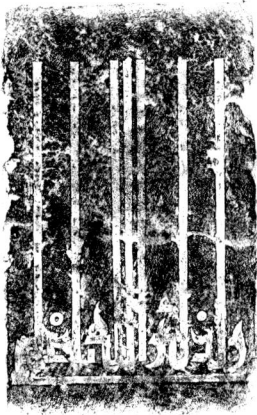

碑阴额阿拉伯文拓片

《敕赐礼拜寺碑记》碑阴拓片[1]

---

[1] 回宗正先生认为碑额为阿拉伯文库法体、碑文为阿拉伯文和波斯文，其内容为《古兰经》第九章第十八节，见回宗正编著：《北京清真寺碑文辑录述要》，第38页，2008年。由于碑刻漫漶严重，仅附拓片。

碑额"万古流芳"拓片

《敕赐礼拜寺增修碑记》碑阳拓片　明

　　位于牛街礼拜寺北碑亭。明弘治九年
（1496年）九月刻，碑阳拓片长200、宽93
厘米，额高42、宽25厘米；碑阴高201、宽
92厘米。额篆书"万古流芳"。

《敕賜礼拜寺增修碑记》录文

敕賜禮拜寺增修碑記

鄉貢□士授□□□□□□

羽林□衛舍人古燕□

欲建千百□之功□□□功德之人為□□

國朝□理天下之以仁見之於躬行上□□□心

□□□於□是以

列□□□□及□□□□□人臣對□

王□之意殆作筆□□能形容其萬一焉恭惟

皇上□□□造今十載取□□方川□無間□□

□□□□□不廢小善或因□

命而特賜

敕名或出 内帑而增修梵刹尚□不小而□

□□□□經濟正泰山木辭土□□□不擇溝澮是□

□□□城西南畿五里有寺□□□拜環寺而□

□則日天之經也至大則□□至尊則無□□□

内府酒醋局□□使□□□日近

天清光之眼出□□□□□道小前□後之咸重自始

天之所概然興思□□本□□□金皂略無怪

□□□□

聖□□□□□□□□□宗於□□

大　明　弘治九年□□□□□

《敕赐礼拜寺增修碑记》碑阴拓片　明

《敕赐礼拜寺增修碑》碑阴录文

尚　衣　监　大　监　　刘　昇

钦差提督敦□军器二局设监太监　　何　江

尚　膳　监　大　监　　张　钺

护□□□□　□御　杨　通

□□□□□□□　□　□

都　知　监　大　监　　杨　永

中军都督府都督佥事　杨　玉

碑额阿拉伯文拓片

《敕赐礼拜寺记》碑阳拓片　明

现位于南讲堂东侧。明万历四十一年（1613年）八月刻。碑阳拓片长119、宽70厘米；额高23、宽20厘米。

《敕赐礼拜寺记》录文

銘曰人知天之爲天不知天之所以爲仸天之所以爲天者□

主也一也人因囿原始而生愈不知反終而死反終而□者名爲何回也煇也

但死自中古儒名之回從混沌初定之日未有乾坤之先

主緣聖曰總聖而乾坤等物造矣考既有乾坤之後又緣回曰回煇而天房

國寺建焉玆寺也言材幹則千霄蔽日言歷録則泥爾琮璜深邃則沼沼伯

里馨香則飄飄遠聞明示後人衣依依載冠依依天命聖行漸推漸廣其

魯重於穆周貴閟血謂非取肖此義可乎故衍迄今寺非一建慇之崇樓臺

者不第壯觀崇教也映漢績者不第昭華映回煇也叛此中者回回則回矣

闇淡甚爾遷此中者亦回回□回矣煇光朗焉嗚嘻嘻人寄生如寄呼□之羽

與其闇而無光執若回光返照鄉宝如鄉燕鵲之堂與其綢繆待桒□執若

綢繆久居者況西則天房中天而立東則京師冠世爲都此寺頒則難爲教

此教衰則難爲冠惟洪惟

宣德二譔瓜應□圳

正統七載殿宇恢張唯

成化十年春都指揮詹昇題　請名號奉

聖旨曰禮拜寺是尊奉

天主者天子未常不焚焚命寺以禮拜之□旁門□無諸教敢垮云造

弘治九年經制愈□□曰制無復加矣曠知年所多歷後樓告傾斯樓非泛常樓

也協教贊理按陝升中所以仰贊天□脒者而使之醒也淺之則□事俠之則

易忽不高高則高呼之聲不震不楚楚則當事之心不押黃章目睹中熱猾金偈

衆重修早起晏卧□惮神梓冒暑冒雨不避形樵重樓翠欄屹屹乎崔巍之□秀

縷石緗磚奕奕然綵繪之煥新大勢嚴正庶闔整□設立與矢棘竦美竣宇棟起

詹阿軒翔鳥□與翬飛爭□寶寶杖杖磐磐固也而更加磐密嚕嚕曠曠光明□而

更加奐奐經之營之庶人攻之敬之敬□不日成之于此奉

主酬德即于此成仁書孝于此報

國祈福即于勤民□禍建前人未有之規大前未□之制萬人回響之想後人□□□

譯皇中見垂助景象矣詩云無曰高高在上□□□士者□□□事洛成之謂鷰謹記

碑阴额"敕赐礼拜寺记"
拓片

《敕赐礼拜寺记》
碑阴拓片　明

碑阴拓片长119、
宽70厘米；额高23、宽
17厘米。

《敕赐礼拜寺记》碑阴录文

敕賜禮拜寺□□

協署□　　署□□　　總署

巡捕總衛哨掌十印印百百恩　　捕總衛哨掌印百戶

把總指揮僉事□□　　總都督指揮僉事同知榮　　部指揮僉事同使

指揮僉事□□　　揮□□　　同知使榮　　知

京城神金五濟昭　　原任樞吾右軍陽陵濟錦衣衛

神金吾五濟陽昭濟錦衣衛教經間學鎮撫司

西内五營右衛衛親見任　　南西右衛一衛衛後見任天

巡西營後衛衛見任□□　　捕營親軍見任百□

把軍後軍任□□樂　　掌十印掌印百百恩

總都指揮十印印□百百恩　　指揮僉事□百百

指揮同十掌印百戶戶化縣　　揮百百□恩司指揮縣事□生

同知使樂　　知

大醫院本錦衣衛直隸河間府順天滄州霸州監房山縣

見任天百戶　　見任錦衣衛冠帶

吏部題□考中候選外縣主簿□宗震

振□□□□□□□　　楊振□□□□□□　　楊肅□□□□□□　　應勝□□□□□　　宗瑞□□□□□　　宗□□□□□□

萬曆歲次癸丑仲秋吉日耆老□□重脩

《古教西来历代建寺源流碑文总序略》拓片　清

清乾隆四十六年（1781年）刻。拓片长59、宽178厘米。正书。

京都西南某廟代建寺源流文總序略

回回教始於西域流衍中國其來僑居間有持經文明書傳而翻
譯道初開自阿丹始阿丹固國之元聖而人類之始祖也其道
傳於聖祖阿丹思起及傳於母孫母薩傳花起及傳
傳於聖祖母薩母薩傳於卜喇美黙麥德
傳近哀大獎美與端娣起之建屋代傳渭陰陽
平與德生乃始阿薩院後連綿之治六百年至擺武帝時而
真經二十部冊文化以化西域之道統正開邪欽奉
戒一動一靜而總以敬以賢去世不得大聖人但
…

《古教西来历代建寺源流碑文总序略》[3]录文

古教西來歷代建寺源流碑文總序略

回回始於西城流衍中□來曾□□□經文□□而知

回道初開自阿丹始阿丹乃開闢之元聖而人類之始也其道

教傳於聖子國聖恩施恩施恩傳於努海努傳於□□□□

傳於母薩母薩傳於達屋代達屋代傳□□□□去世不得

傳道□蘇異端峰起者殆六百年至梁武帝時而 大聖人穆

罕默德生焉□□薩既絕之道統宗正邪欽奉 福□□尼

真經三十部冊教化西域驅除異端□五倫修五功潔身體慎齋

戒一動一靜而總以敬事

真主為本 開皇時 聖人命大賢賽爾德宛葛思貴奉 天經□

海傳教至於廣東首建懷聖寺於番禺至今有其墓焉此中國有

回教之始也厥後歷年既久生齒日繁散處四方建寺寺教唐天

□中救建清真寺於西安耤工官羅天爵而掌教者伯都爾的也

至貞元時人員未歸者四千餘人詔分隸神□□軍留用及宋真

宗至道二年有篩海革哇默定者西城輔喇台人氏入中國當

感異夢而生三子長曰篩海塞德管定能識死者墓中之善惡去

而莫知所之次曰篩海那速管定能知人不言之心事又次曰篩

海撤阿都定能通百鳥之語音之二君者性近幽慶不干仕進上

賜官爵堅辭弗受是以授為清真寺掌教留居東土而二君具其

先見之明知燕京為興隆之地可以開萬世 帝王之禮樂遂

請須救建寺世為清真寺掌教都定君奉敕建寺於東郊魯定□

奉敕建寺於南郊而皆受賜基以瑩墓於西阜馬原夫魯定君之

寺即吾牛街寺也舊名柳河村崗兒上宋南渡後有二人自西方

來者一名艾宇默德西城阿勒卜人一名爾麻頓的尼西城卜哈

喇人寄居寺內談吐不凡動多高風大數告盡前後繼逝因葬其

寺基之內迄今父老傳聞咸以為崗兒寺中立有篩海之墓□其

墓誌石文尚未盡民可考也至於神宗熙寧三年間有咸陽王瞻

思丁之始祖所非爾西城普化力人 大聖人穆罕默德二十六

世之孫也同弟艾爾沙□止若孫入貢京師神宗大喜留為本部

總管後因退累功進讬王爵傳至坎馬丁之子馬哈木係所非

爾之元孫歷至三元平章國政總管軍務因天下平定辭職隱庾

---

[1] 原位于北京牛街礼拜寺内。木刻，现遗失，仅存拓片。乾隆四十六年（1781年）。

創建遷經閣於寺中自□□□□而為閣兒矣造至馬哈木之子

賽典赤瞻思丁當元成□□□□名播於中外平章政事以功德

而追封咸陽王彼時幾□□□□而擴大之乃竟未果延至明

洪武建顧南京敕海□□為净覺寺以奉教規即今南京三山

衔寺是也是後節蒙

聖恩敕建北京清真寺法明寺或為普壽或曰名禮拜寺各匾額不同

增建設立住持以供焚□寺於是乎魏然煥然矣自唐宋元明

流衍至今千有餘年愈傳愈廣秦晉齊楚吳蜀閩越滇黔燕遼以

及窮巷僻壤無不建寺奉教目受累代

帝王撫育之澤染詩書禮樂之教回回中感舊風起頓有人才事蹟昭

垂前史至我

朝定鼎以來涵泳

列聖之深仁厚澤安居業者百年方永恭逢

世宗憲皇帝恢天地之量昭日月之明兩頒

□綸訓飭有司化導回民誠生生世世感戴而不忘者也吾教中發

身文武科名勤勞王家者接踵而興此者

國家培養人才得臻此盛是以□仕籍者濟濟於朝為編誂者熙熙

於野雖四方之風土各異而經典教規不變更不非教本於至誠

而能若是乎亦由師海那遠參定君體認

真主闡發聖教所以開始而立基者早有以肇厥嘉祥也凡吾教人

回回回回

王聖懷棄教規而或惑於異端之邪說者是□纍目棄而甘為背本忘

原之敗類也良可悲夫

旨

大清乾隆四十六年歲次辛丑吉月穀旦

馬繼光

掌禮　　王白之園　　鄉老　　同立

王國輔

下雲起

舊有碑文系明崇禎三年掌禮王永壽協

禮人繼德贊禮白如璽同鄉老黃宗武等

重修近因日久年深風侵蝕字殘碑損

恐其失傳特為增補重修以□不朽雲

上諭

乾隆四十六年六月初一日奉

乾隆上諭碑拓片　清

乾隆上谕碑[1]录文

乾隆四十六年六月初一日奉

上谕甘肃回匪滋事先经革职总督李侍尧奏称此事因小山回匪田五等谋兴新教起衅经朕以该

犯等纠结回众倡兴新教何必纠众谋逆当降旨饬询始据该督将本年正月内田五即至靖远哈得成哈□

□商同谋逆各情□覆奏昨又据西安将军伍弥泰奏讯之甘省居民佥称众回匪于上年五月即□

理石峰堡并约定于本年五月五日起事通清等复亦据报系同日被贼抢劫等语是贼人肆逆不

法早已蓄谋并非因争教而起夫内地回人其来已久我国家威稜遐播平定年部回部西□

咸隶版图新疆回人□班人觐住来络绎内地民人亦多至回疆贸易其有查拏经差□□□□

相习为常例□□禁遂有红帽白帽新教旧教之名其实西域新疆之回人正其旧教也□□在

地回民所习之教所诵之经皆与喀什噶尔叶尔羌等处回人经教无异原无新旧之别□内外

编氓赤子顺则恩有必加逆则法无可宥今贼首田五已就殄灭其余党马□子李□□□□于

光天化日之下聚众鸣张攻城掠堡即属回民中之邪教如僧中之白莲教之类而已□□命大

士阿桂陕甘总督福康安前往督办并派京兵及飞调四川屯练降番及阿□□□尔□期□

古兵丁到彼协剿大兵云集谅此么麼小丑自无难速就殄除至阿桂福康安于剿灭贼匪后□□

将贼人经过煽诱之处所有平时与贼勾结知情及贼人起事后代为往来送信接济粮食之人□

系邪教乱民必须尽力搜捕正法勿使复如李侍尧之养痈其余并未从逆之回人不□□□□□

新教皆系良民桀无庸波及以免株连总之查办此事止当分别从逆与否邪正之殊□□论□

之新旧即如僧道原非例禁而白莲等邪教之必应查禁者亦以其左道惑民聚众滋事□□后阿

桂等奏摺内凡从逆回匪俱称为邪教不必复分新旧教名俾回民等咸知朕洞悉其根源□

分畛域断不肯因滋事贼匪将无辜守法良民一併株连之至意将此通谕中外并着阿桂福康安

及各直省于凡有回民处所腾黄遍贴宣示知之钦此

臣绪恩腾黄

---

[1] 位于牛街礼拜寺北讲堂北侧。清乾隆四十六年（1781年）刻。

碑额"万古流芳"拓片

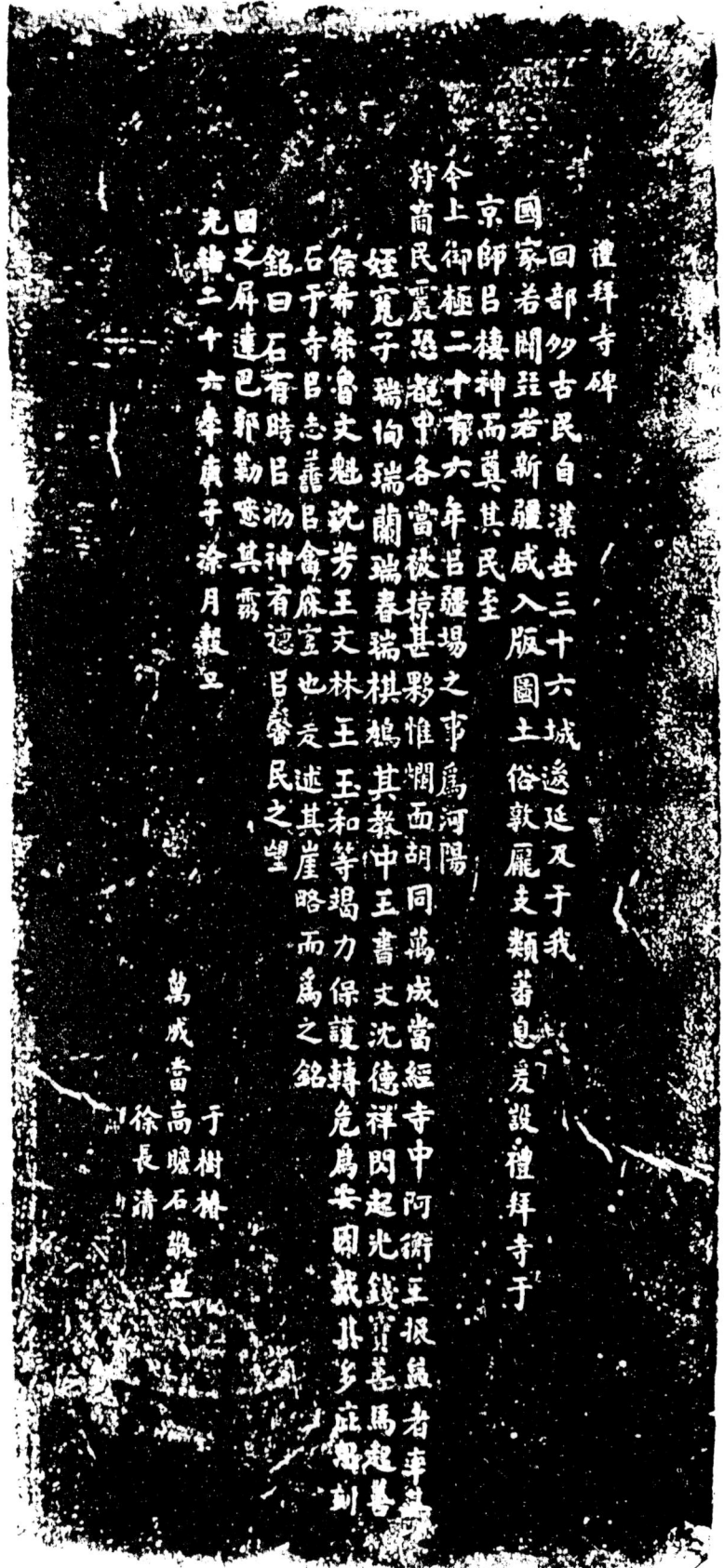

《礼拜寺碑》拓片

清光绪二十六年（1900）十二月刻。拓片碑身高136、宽62厘米；额高19、宽17厘米。

《礼拜寺碑》录文 [三]

禮拜寺碑

回部多古民自漢廿三十六城邊延及于我

國家若聞啓若新疆咸入版圖土俗敦龐支類蕃息爰設禮拜寺于

京師昌樓神而奠其民至

今上御極三十有六年昌疆埸之事爲河陽

狩商民震恐都中各當被掠甚夥惟欄面胡同萬成當經寺中阿衡王抵益者辜□

姪鎣子瑞枸瑞蘭瑞春瑞棋鳩其教中王書文沈德祥閔起光錢賣善馬起善

侯希榮魯文魁沈芳王文林王玉和等竭力保護轉危爲安因□其多庇□刻

石于寺昌志□昌窨際□也□述其崖略而爲之銘

銘曰石有時昌泐神有□昌馨民之望

因之屏蓬巴郭勒噫其露

光緒三十六年庚子窒月穀立

于樹椿

萬成當高瞻石敬立

徐長清

[1] 位于北讲堂北侧。

碑額阿拉伯文拓片

今夏拳匪之亂都市喧囂居民震恐迫至七月下旬洋兵入城官司
失守迨紀蕩然於是土匪四起日以搶掠為事四民之枕官者不可
勝計即牛街一帶亦復搶掠縱橫勢難終日章賴　禮拜寺
浩然王阿衡教長及　　校巡分段駐街認真緝捕宵小因之斂跡
友三王教領幕象彈壓晝夜街鋪戶人等於擾亂之際未遭搶劫者皆
居民得以安枕辛使之本
教長
教領之力也今市面漸定鋪戶人等事後追思深感
教長
教領保衛地方不遺餘力經同人公議集賞立石記其緣起并成頌
教領之德難以垂之不朽云
錢能訓篆文
馬維清敬書

《王浩然王友三頌德碑》碑陽拓片　清

清光緒二十六年（1900年）十二月
二十三日刻。拓片碑陽長123、碑陰長125、
均寬50厘米；額高27、寬18厘米。錢能訓
撰，馬維清正書。

《王浩然王友三颂德碑》[1]录文

今夏拳匪之亂都市喧囂居民震恐迨至七月下旬洋兵入城官司

失守法紀蕩然於是土匪四起日以搶掠為事四民之礬營者不可

勝計即牛街一帶亦復搶掠縱橫勢難終日幸賴　禮拜寺·

浩然王阿衡教長及　　梭巡分段紮街認真緝捕宵小因之斂跡

友三王教領募衆彈壓晝夜街鋪戶人等於擾亂之際未遭搶劫者皆

居民得以安枕卒使之本

教長

教領之力也今市面漸定鋪戶人等事後追思深感

教長

教領保衞地方不遺餘力經同人公議集資立石記其緣起并成頌

教長　　　　　　　　　　　錢能訓纂文

教領之德籍以垂之不朽云　　　馬維清敬書

[1]　现位于北讲堂北侧。

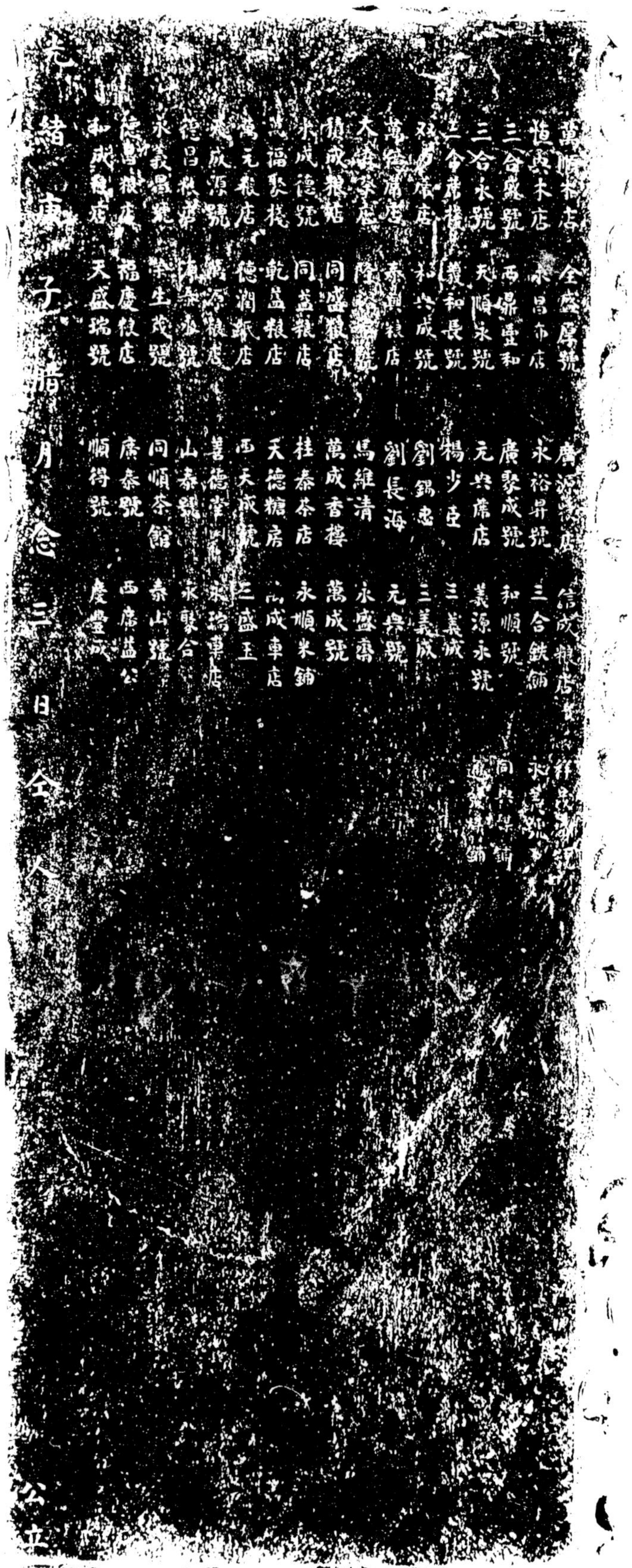

萬順粮店　全盛居號

三合裕號　東昌布店
三合永號　永昌棧號
雙盛興號　和順永號
大萬成粮店　天鼎永號
順成粮店　鐵和成號
惠成德棧店　同隆長號
海元福棧店　泰盛假店
永成元源棧號　同盛假店
德昌盛棧號　德成元棧店
德義隆棧號　萬生德棧號
和成義號　福慶假號
　　　　天福盛瑞號

　　　鵰少庄　永裕昇號
　　　劉錫忠　三合鐵舖
　　　劉長海　和順號
　　　萬成香樓　廣聚成號
　　　馬繼清　元興席店
天德糖房　三義城美源永號
桂泰茶店　三義成永號
西天成號　元盛永號
善德義號　萬成號
山泰號
同順茶館　永瑞合重店
廉德號　　三盛王店

順得號
西廉盛公
泰山號
慶豐成

光緒庚子臘月念三日　　　合人公立

《王浩然王友三頌德碑》碑陰錄文

萬順木店　恒圃木店　三合盛號　三合永號　三合席棧　双囙席店　萬□窰店　大森茶店　積成粮店　永成德號　萬福聚棧　萬元粮店　□成源號　永義昌號　德昌粮店　和成粮店

全盛厚號　永昌竹店　西鼎□和　天順永號　義和長號　和興成號　秦園粮店　隆□□號　同盛粮店　同益粮店　乾益粮店　德潤紙店　萬源粮店　榮生茂號　福慶粮店　天盛瑞號

廣隆鏍顧店　永裕昇號　廣聚國號　元興興席店　楊少國　劉錫恩　劉園海清　馬維香樓　桂園茶店　天成糖房　西因成號　善德堂　同順茶館　廣園號　秦山號

信成粮店　三合鐵鋪　和順號　義和源永號　三三義成　永盛齋號　萬成號　永順米鋪　團成車店　盛玉店　聚合公號　慶西廣益成豐

祥晟□□號　永□□號　同興□□鋪　通□□鋪

光緒庚子臘月念三日全人

碑阳额阿拉伯文拓片

碑阴额"古制联班"拓片

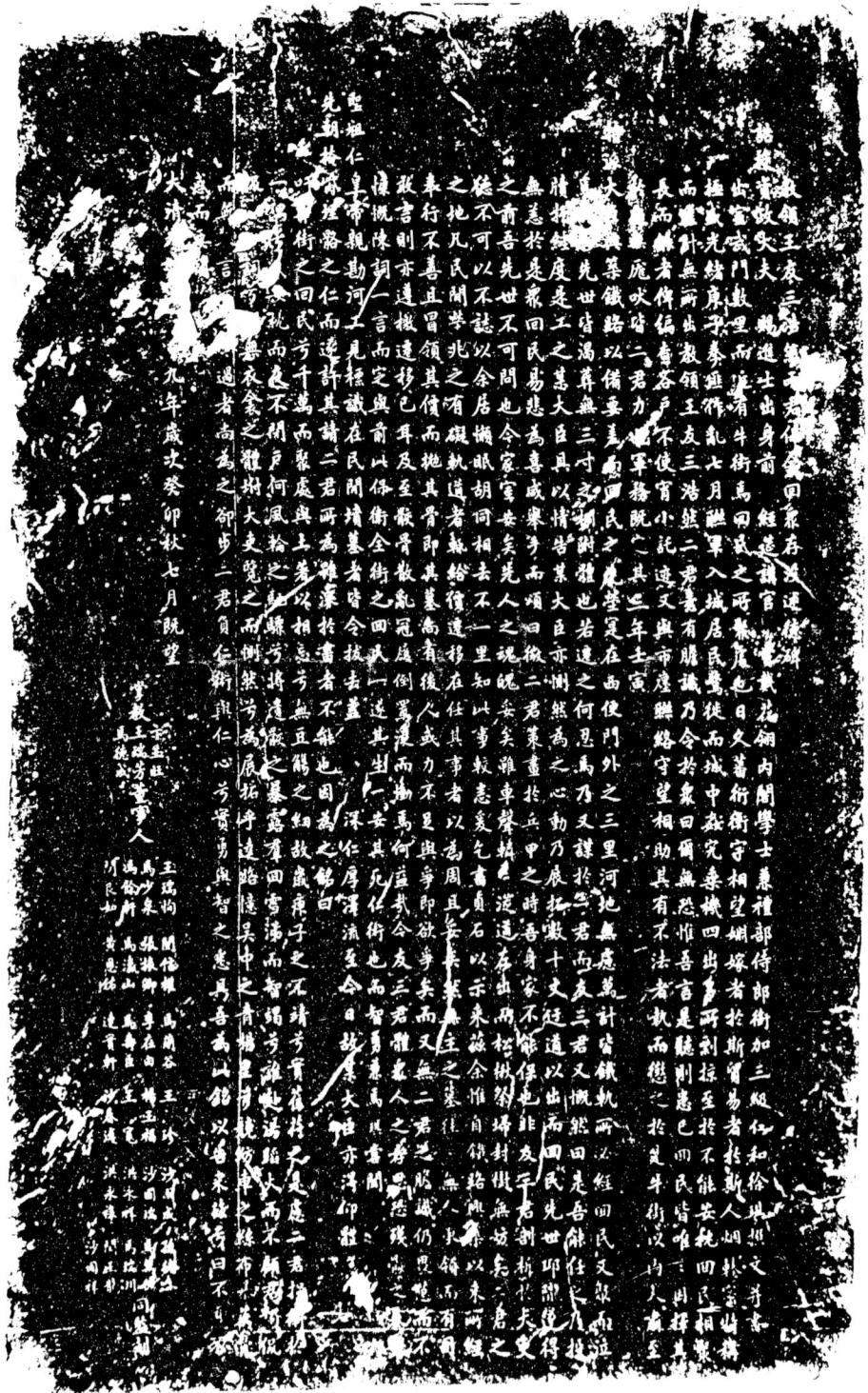

《王友三王浩然述德碑》拓片　清

　　清光绪二十九年（1903年）七月十六日刻。拓片长
142、宽91厘米；额高30、宽24厘米。徐琪撰文并正书。

《王友三王浩然述德碑》[三] 录文

教　領王友三浩然兩君俸□衆存沒述德碑

誥授資政大夫　賜進士出身　前　經筵講官　□賞戴花翎內閣學士兼禮部侍郎　銜加三級　仁和　徐□□文等書

出宣武門數里而□有牛街回民之所聚處也日久蕃衍字相望嫁娶於斯貿易者於斯人□□□□□

極盛光緒庚子拳匪作亂七月聯軍人城居民驚徙而城中姦宄乘機四出多所剽掠至於不能安枕回民相聚

而計無所出教領王友三浩然二君素有瞻識乃令於衆曰爾無恐惟吾言是聽則患已回民皆唯唯因擇其

長而□者俾編查各戶不使宵小託跡文與市塵聯絡守望相助其有不法者執而懲之於是牛街以內□□至

於□□吹皆二君力□軍務既定其三年王寅

特派大□築鐵路以備要差□回民之塋堂在西便門外之三里河地無慮萬計皆鐵軌所必經回民又聚而泣

□□□先世皆渴葬無三寸之□附體也若遷之何忍焉乃又謀於二君而友三君又慨然曰是吾能任之乃為段

償□□度是工之某大臣具以情告某大臣亦惻然為之心動乃展拓數十丈迂道以出而回民先世□□皆得

無恙於是衆回民易悲為喜咸攀手而頌曰微二君策劃於兵甲之時吾身家不能保也非友三君剖析之夫妻

之前吾先世不可問也今家室安矣先人之魂魄安矣雖軍聲轟□道出而松楸祭□封無妨矣君之

德不可以不誌以余居懷眠胡同相去不一里知此事較悉愛乞書貞石以示來茲余惟自鐵路以來所經

之地凡民間塋兆之有時軌道著者給償遷移任□其事者以為目且安矣然無主之墓任無人領而有司

奉行不善且冒領其償而抛其骨即其墓之有後人或力不足與之爭即欲爭矣又無二君仍□而不

敢言則亦遷徙遷移已耳及至骸骨散亂瑗履倒置而□勤勤焉何益哉今友三二君體衆人之思恐殘之

懷慨陳詞一言而定與前此保衛全街之回民二遂其生二安其死仁術也而智勇兼焉□□間

聖祖仁皇帝親勘河工見標識在民間墳墓者皆令撥去蓋　深仁厚澤流至今日故某大臣亦得仰體

先朝掩埋骼之仁而遂許其請二君所為雖深於書者不能也因為之銘曰

□牛街之回民號千萬而聚處與土著以相忘号無豆畼之細故歲庚子之不靖号實流持之是慮二君

一隅□□枕而夜不閉戶何風輪之馳驟号將遺骸之暴露莩雪雪湂而智竭号誰赴湯蹈火而不顧君

□□□□無衣衾之體衎大變觀之惻然号為展拓平達路憺衎中青楊□絲竹

而無言□□過者尚為之創步云二君負仁術與仁心号實勇與智之悉具吾為此銘以告來□曰不

感而要□□□□

大清光緒二十九年歲次癸卯秋七月既望

掌教　王瑞芳　　　董事人
　　　馬應成

碑额"用垂颂声"拓片

里闬报德记

任邱宗樹楷誤子俊琦書。

西俗東漸革命軍起鄂垣下闕九城見従謹讓縣行誚無事兵鎮軍未服激成一擲指口芄掠兵先匪後盜産凶家卒室而九衆惫恽懼相駴以麦宣南一閭田族兩居屬賞保衞實為阿衞竆曇經夜欐雨夼風衞我資産於兹救胡憚憚如頂而戴爰勒斯石以銘厥功芳石具紀奠奮無竆

倡首人阿衞王寬

賛同人阿衞王抂益

閆起光　馬德禄　胡玉山　王永亮
王書文　穆德珍　當松椿　閆起昆
王文惠　閆瑞友　尹德隆　實長有
劉起棨　楊德明　馬朋振　謝得林
　　　　同聚當　于樹松　徐文焌　路祥彬
萬成當　于樹椿　徐長清　孫耀斌
贈石　　徐長沛　謝天孫

仝立

中华民国元年十有一月

豐聚當贈石

《里闬报德记》碑
拓片　民国
　　民国元年（1912年）十一月刻。拓片高110厘米，宽60厘米；额高24厘米，宽21厘米。宗树楷书，宗俊琦正书。

《里闬报德记》[1] 碑录文

里闬报德記　　　　　　任邱宗樹楷譔　子俊琦書

西俗東漸革命軍起鄂垣一悶九域風從釋讓默行謂無事矢鎮軍未服戰

一擷藉口秩掠兵匪先匿後蕰産亡家十室而九衆意怔悸相駭以走宣南一闉

田族所居屬黨䝉保禦賨爲阿衡窮䇎繼夜櫛雨沐風衛我資産於兹數月□□

澤如頂而戴爰勒斯石以銘厥功芳名具紀冀垂無窮

倡首人　阿衡　王寬

賛同人　阿衡　王振益

閔起光　馬德禄　胡玉山　王永亮

王書文　穆德珍　常松栢　閔起亮

王文惠　閔瑞友　尹得隆　賨長有

劉起榮　楊德明　馬明振　謝得林

同聚當　于樹松　徐文炳　路祥彬

萬成當　高瞻石　于樹栢　徐長清　孫耀斌　仝立

豐聚當　徐長沛　　　　　謝天禄

中華民國元年十有一月

---

[1]　碑在牛街礼拜寺内。

(八) 文物一览表

表八 牛街礼拜寺寺藏文物

类别	序号	名　称	年代	附　注
陶 瓷 器	01	青花开光阿拉伯文三足筒形炉	明·正德	
	02	青花开光花卉纹三兽足筒形炉	明·万历	
	03	青釉暗花三足筒形炉	明	
	04	青花开光阿拉伯文异形花插	明	
	05	琉璃釉方座阿拉伯文云头三足炉	清·康熙	香炉底有"康熙戊寅年许碧张国钦造"款
	06	琉璃釉带座阿拉伯文圆香盒	清·康熙	
	07	绿琉璃釉开光阿拉伯文觚	清·康熙	
	08	琉璃釉四足方座莲花纹圆香熏	清·康熙	
	09	琉璃釉开光阿拉伯文莲花双耳炉	清·康熙	
	10	五彩花鸟纹观音瓶	清·康熙	
	11	仿哥窑兽耳衔环炉	清·雍正	底有"大清雍正年制"款
	12	青花缠枝莲纹鹿头尊	清·乾隆	底有"大清乾隆年制"款
	13	绛釉洒金瓜棱形桥形双耳三足炉	清·乾隆	香炉底有"大清乾隆年制"款；附圆形红漆座
	14	粉彩云蝠纹扁瓶	清·光绪	底有"大清光绪年制"款
	15	粉彩富贵牡丹纹花盆	清·光绪	
	16	粉彩开光花卉纹大花盆	清·光绪	
	17	粉彩花卉纹折沿大花盆	清·光绪	
	18	绿琉璃圆座开光阿拉伯文双耳炉	清中期	
	19	绿琉璃釉开光阿拉伯文烛台	清中期	

	序号	名称	年代	备注
陶 瓷 器	20	广窑弦纹双耳尊	清中期	
	21	青花折枝花鸟纹钱形镂空绣墩	清晚期	
	22	窑变釉兽耳衔环尊	清晚期	
	23	粉彩开光花鸟纹四足斗形花盆	清晚期	
	24	绿琉璃釉镂空盘肠乳丁纹绣墩	清晚期	
	25	青花缠枝花莲纹兽耳尊	清晚期	底有"大清乾隆年制"款
	26	红釉瓶	清晚期	
	27	红釉盖罐	清晚期	
	28	红釉窑变瓶	清晚期	
	29	豆青地雕花四足花盆		日本瓷
	30	白地红彩瓦当纹圆花盆	清晚期	
	31	富贵牡丹纹掸瓶	清晚期	
	32	绿琉璃釉四足双耳方炉	清	
	33	绿琉璃釉方形烛台	清	
	34	青花"牛街大礼拜寺"云头纹香插	清	
	35	粉彩黄釉开光山水纹折沿大花盆	民国	
	36	青花牡丹纹花盆	民国	其一曾锔过
	37	青花阿拉伯文圆形瓷片		
	38	绿琉璃釉莲瓣纹构件		

金属器	01	敕赐大铜锅	清·乾隆	口沿处有"勅賜禮拜寺記大清康熙壬午歲壬寅齋月造"、"勅賜禮拜寺記大清乾隆已未歲丙子齋月重造"铭文
	02	阿拉伯文大铁香炉	清·嘉庆	颈部有"大清嘉慶三年秋月吉日建造"铭；腹部有阿拉伯文圆形开光
	03	三足双耳大铜香炉	清·道光	底有"大清道光丁未夏六月定府行有恒堂造"款；口沿有"道光丁未行有恒堂造重一百五十五斤"铭文
	04	阿拉伯文乳丁三足铜炉	清末	底有"大明宣德年制"款
	05	阿拉伯文三足铜炉	清末	底有"大明宣德年制"款
	06	三足直耳铜香炉	清末	底有"大明宣德年制"款
	07	铜吊罐	民国	口沿处有"民国二十二年拾一月造"字样；腹部有"祥義駝業置"、"牛街清真寺"字样；提手为铁质
石雕	01	筛海墓阿文石碑	元	
	02	汉白玉浮雕海兽图杆座	元	
	03	石雕花卉纹建筑构件	元	
	04	石雕缠枝莲纹洗	元	
	05	石雕花卉纹方形座	元	
	06	石雕海棠纹洗	明早期	
	07	石雕花卉纹柱	明	
	08	石雕花卉人物方洗	明	
	09	石雕松竹梅纹长方形座	明末清初	
	10	青石雕缠枝勾莲纹圆杆座	明末清初	
	11	青石上谕碑	清·乾隆	

匾额抱柱	01	"率由旧章"匾	清·康熙壬寅年 （1662年）	
	02	"清真"匾	清·康熙壬午年 （1702年）	
	03	"正教殷勤"匾	清·康熙庚寅年 （1710年）	
	04	"清真肃静"匾	清·同治元年 （1862年）	
	05	"洁静精微"匾	清·同治壬戌年 （1862年）	
	06	"纲维理数"匾	清·同治十三年 （1874年）	大殿抱厦内南侧
	07	"掌握天人"匾	清·同治十三年 （1874年）	大殿抱厦内北侧
	08	"造化之原"匾	清·同治甲戌年 （1874年）	
	09	"起死回生"匾	清·光绪二年 （1876年）	
	10	"敬一归真"匾	清·光绪六年 （1880年）	
	11	汉文匾	清·光绪八年 （1882年）	
	12	"无微不照"匾	清·光绪乙未年 （1895年）	
	13	"显仁藏用"匾	清·光绪乙未年 （1895年）	
	14	"清真古教"匾	清·光绪壬寅年 （1902年）	大殿抱厦内西侧上方正中
	15	"太思迷"匾(大)	清	大殿第二进内西侧上方正中
	16	古兰经文匾	清	大殿第一进内西侧上方正中

	17	"太思迷"匾（小）	清	东大厅内南侧
	18	阿拉伯文方匾	清	望月楼东侧院内，嵌在东墙上
	19	女殿"米哈拉布"阿文石匾	清	女寺礼拜大殿内，嵌于西墙正中；原女寺位置相同
	20	"善庆堂"匾	清	
	21	"古训是行"匾	至迟清代	
匾额抱柱	22	"显扬正教"匾	民国二年十一月（1913年）	
	23	"涤虑处"榜额	民国十年（1921年）	涤虑处正门外上方，嵌于墙上
	24	"清真女寺"榜额	民国十四年（1925年）	新建女寺院门北侧，嵌于墙上
	25	"拯菑济众"匾	民国二十三年（1934年）	
	26	"惠及灾黎"匾	民国二十三年（1934年）	
	27	"惠济檀云"匾	民国乙亥年（1935年）	
	28	阿拉伯文圆匾	近代	礼拜大殿第二进内西侧墙上
	29	汉文匾	不详	
	30	"牛街礼拜寺"匾	1979年	望月楼二层西侧正中
	31	"达天俊路"匾	1979年	木牌坊西侧正中

	32	"理本一原道宗一脉"抱柱楹联	清·光绪乙未年 (1895年)	邦克楼内
	32	"敦崇五典敬服五功"抱柱楹联	清·光绪乙未年 (1895年)	邦克楼内
抱	33	"七日五时到此须无安想"抱柱楹联	清	邦克楼内
柱	33	"三才万世其中自有纲维"抱柱楹联	清	邦克楼内
	34	"顺上帝之则不识不知"抱柱楹联	清	
	34	"闻圣人之风兴顽兴懦"抱柱楹联	清	
	01	条案	清末	红木面；底、腿、牙后配
	02	红木三屉桌	清末	
	03	红木二屉桌	清末	
	04	草花梨八仙桌	清末	
木	05	红木面条柜	清晚期	
	06	红木石心长方形炕桌	民国	
器	07	核桃木条案	民国	
	08	草花梨大理石茶几	民国	
	09	木汤瓶	民国	嘴为骨管

第四章

宗教习俗

Religious Customs

العادات الدينية

伊斯兰教在世界各地的传播与发展，因地域、民族、文化等因素的影响而各具特点。中国信仰伊斯兰教的共有10个少数民族，既有共同的宗教习俗，又各有不同的生活习惯和饮食文化。信仰伊斯兰教的各族人民，其宗教生活和世俗生活的各个方面都与清真寺密不可分。

With its diffusion and development, Islam is impacted with different regional, national and cultural characteristics. There are 10 minorities believing in Islam in China, and each nationality has its own special religious customs, lifestyle and food culture. However, all these Muslim people have a close connection to the mosque in various aspects of their religious and secular life.

لنشر الإسلام وتطوره في كل أنحاء العالم ميزات مختلفة نتيجة لتأثره بالسمات الاقليمية والقومية وسائر العوامل التي تهمه. يوجد في الصين عشر أقليات قومية تؤمن بالإسلام لها عادات دينية مشتركة ولكل منها عادات حياة وثقافة طعام خاصة بها. غير أن عبادات أبناء هذه القوميات الإسلامية وحياتهم الدنيوية، مرتبطة بالمساجد ارتباطا وثيقا.

（一） 穆斯林五大功修

"五大功修"，构成了伊斯兰教系统的功修制度和日常言行的规范和准则。"五功"，是阿拉伯文al-Arkān al-Khamsah的意译，原意为"基础"、"柱石"。"五功"是伊斯兰教念功、拜功、斋功、课功和朝功的总称。在中国多简称为：念、礼、斋、课、朝。伊斯兰教法规定"五功"是穆斯林必须履行的神圣义务和功修制度。

1．念

阿拉伯文al-Shahādah的意译，原意为"作证"，音译为"舍哈代"。指穆斯林口诵清真言："万物非主，唯有真主。穆罕默德是主的使者"，以此对自己信仰进行公开的表白或"作证"。念功，贯穿穆斯林的一生，在重要的宗教活动中都要念经；在日常生活中，如婚丧嫁娶、提念亡人、祈求平安时也都要举行念经仪式。

圣纪日阿訇正在诵读《古兰经》

穆斯林在接"都阿"（祈祷）

穆斯林请阿訇在礼拜大殿念经，纪念亡者

穆斯林在饭店请阿訇念经

穆斯林在家里请阿訇念经，缅怀亲属

2.礼

即礼拜，阿拉伯文al-Salāt的意译，音译"索拉特"，指穆斯林向安拉表示归顺、感恩、赞颂、祈求、忏悔的一种宗教仪式。伊斯兰教的聚礼、会礼等也称为"礼拜"。是穆斯林用整个身心来完成宗教义务的一种方式。伊斯兰教规定，穆斯林每天必须礼拜五次，即晨、晌、晡、昏、宵；同时"七日一聚"，每周星期五举行礼拜，称为"主麻"；还要"一年二会"，每年举行开斋节和古尔邦节两次大的会礼。

礼拜前，穆斯林洗小净

木汤瓶　民国

汤瓶系穆斯林洗大小净时使用的盛水工具。

铜、铁皮汤瓶　20世纪70年代

235

铜吊罐　民国

铜吊罐　民国

　　吊罐系穆斯林用水冲洗大净（即
沐浴周身）时用作盛水的工具。

主麻日礼拜的穆斯林

主麻日正在礼拜的女穆斯林

主麻日安士伟大阿訇在敏拜尔(宣讲台)上念"呼图白"（1993年）

　　安士伟（1919～1998年）大阿訇，河北保定人，回族。自幼家境贫寒，9岁开始进清真寺学习伊斯兰教经典、教义。1948年穿衣挂幛。受聘担任北京市西单手帕胡同清真寺伊玛目，后历任牛街礼拜寺（1957～1966年任职）、东四清真寺伊玛目，直到归真。1979年起当选为北京市伊斯兰教协会第一、二、三届主任，会长。1980年起当选为中国伊斯兰教协会副主任、副会长。1993年当选为中国伊斯兰教协会会长。他创建了北京伊斯兰教经学院，并担任着中国伊斯兰教经学院和北京伊斯兰教经学院院长的职务，为育人成才倾注了大量心血。1978年至临终，历任全国政协第五、六、七、八、九届委员会委员、常委和全国政协宗教组副组长、宗教委员会副主任等职务[1]。

[1] 见《纪念专刊——安士伟大阿訇诞辰90周年纪念文集》，第1页，《中国穆斯林》，2009年）。

主麻日沙广禄阿訇讲"卧尔兹"（1994年8月19日）

在纪念中国人民抗日战争胜利暨世界反法西斯战争胜利50周年时，薛天利大阿訇领导全体穆斯林集会，为世界和平祈祷（1995年）

3.斋

亦称"斋戒"。阿拉伯文al-Sawm，al-Siyām的意译，指全体穆斯林，每逢伊斯兰教历9月，均当斋戒一个月。斋月里，每天从黎明前到日落，禁绝一切饮食和房事等。据《古兰经》规定，在斋月中，全体穆斯林，除病人和旅客可延补斋或以施舍补赎外，逢此月均当斋戒。

斋月里礼拜寺红灯亮起，穆斯林开斋；凌晨红灯熄灭，穆斯林封斋。

礼拜寺望月楼宝顶红灯

阿訇乡老们感赞真主,捧双手做"都阿",准备开斋

女乡老们感赞真主,捧双手做"都阿",准备开斋

4.课

亦称"天课"。是阿拉伯文al-Zakāt的意译，音译"则卡特"，原意为"纯净"，指穆斯林通过纳天课，使自己的财产更加洁净。《古兰经》规定穆斯林应"完纳天课"。伊斯兰教法规定，穆斯林的个人财产和收入达到一定数量时，应以不同税率缴纳天课。起初作为一种用以济贫的自愿施舍，后来发展成为一种按财产不同种类，以一定比例征收的法定宗教税，又称"济贫税"。

5.朝

阿拉伯文al-Hajj的意译，是穆斯林朝觐麦加"克尔白"等一系列宗教礼仪活动的总称。凡具备经济能力和身体健康等条件的穆斯林，一生到麦加朝觐一次为主命。《古兰经》中说："凡能旅行到天房的，人人都有为真主而朝觐天房的义务"。天房，即指"克尔白"。凡朝觐过的穆斯林被尊称为"哈吉"。

赴麦加朝觐前，部分朝觐团员在机场合影(2007年)

北京朝觐团男哈吉在米那山谷中国营地前合影(2004年)

北京朝觐团男女哈吉在米那山谷中国营地前合影(2004年)

沙特阿拉伯麦加米那山谷中国哈吉营地俯瞰

欢迎朝觐归来的哈吉(1999年)

朝觐归来的哈吉与乡老合影(2003年)

石崑宾大阿訇与哈吉合影(1993年)

阿訇和乡老向朝觐归来的哈吉赠送朝觐纪念牌(2007年)

朝觐者环绕天房

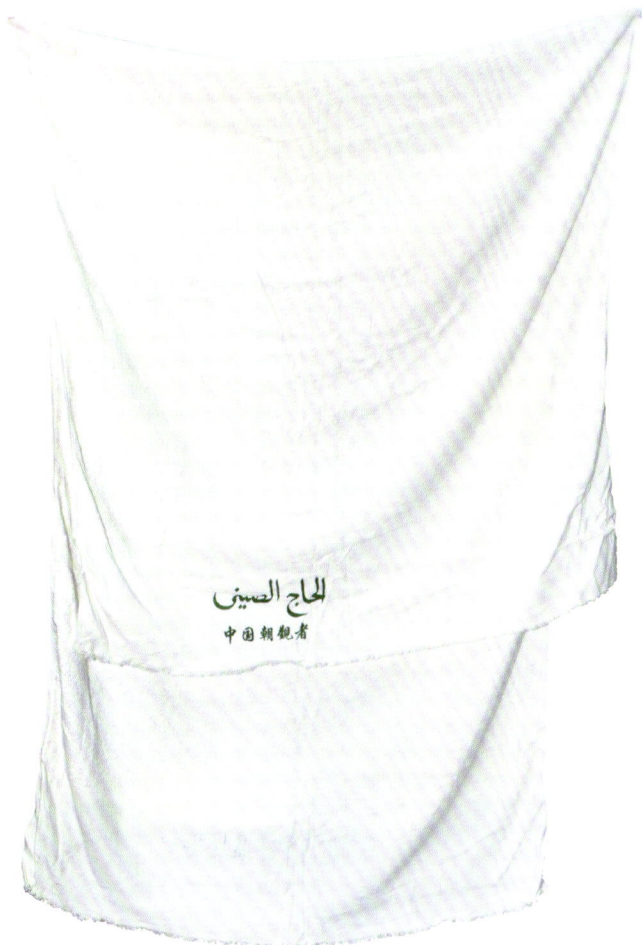

247

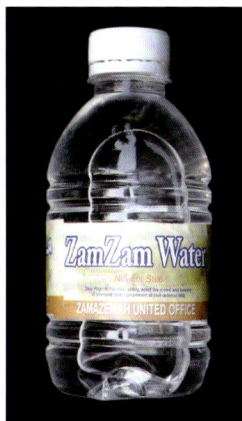

戒衣

朝觐"受戒"时男穆斯林穿的服装。"受戒"是朝觐者向真主表示虔诚和敬畏的一种仪式。受戒前,穆斯林先沐浴,以涤身心。男性穆斯林换下常服,披围两幅未经缝制、洗涤的新的素质戒服、赤足穿拖鞋。妇女仍穿常服。

渗渗泉水

亦称赞穆赞穆泉水,这是牛街穆斯林去沙特阿拉伯麦加朝觐时,从天房(克尔白)附近带回来的泉水。相传,先知伊卜拉欣之子伊斯玛仪刚出生不久就同他的母亲哈加尔住在天房附近沙漠中的一个帐篷里。由于没有水,哈加尔便将幼小的伊斯玛仪留在帐篷里,独自一人去沙漠中找水。太阳照着沙漠,空气干燥灼热,但为了儿子,哈加尔不顾一切地在萨法山和麦尔卧山之间来回奔走了七次,但最后还是没有找到水。而此时帐篷里的伊斯玛仪又渴又饿,他用手指在地上抓,沙土很松,他很快就刨出了一个小坑。奇迹出现了,一股清泉涌出。感赞真主!伊斯玛仪母子得救后,这眼泉水就成了闻名遐迩的"渗渗泉"。

（三）伊斯兰教三大节日

伊斯兰教三大节日，即开斋节、古尔邦节、圣纪。每逢佳节，世界各地穆斯林都举行隆重的庆祝活动。一般以清真寺为中心，在会礼前后，来自四面八方的穆斯林老少汇集到一起，交流感情，畅叙情怀，加深亲朋好友间的往来。在我国已演变成民族的节日，我国政府还特别规定，每年伊斯兰教开斋节，各族穆斯林职工放假一天。

1．开斋节

阿拉伯语'Id al-Fitr，意为开斋。在我国新疆地区亦称肉孜节(Rōzī)。是伊斯兰教三大节日中最隆重的节日。伊斯兰教规定，每年教历9月为斋月，10月1日为开斋节。开斋节的主要礼仪有：忙食一物、缴纳开斋捐和举行会礼。开斋节清晨，穆斯林穿上盛装，纷纷来到清真寺聚会、礼拜，庆祝开斋。大家把炸好的油香分别送给亲友、邻居，在互致问候与祝福的热烈气氛中欢度节日。

上殿前阿訇合影

阿訇们在恭诵《古兰经》

李书文阿訇在大殿内讲"卧尔兹"（劝诫）

开斋节时穆斯林纳"开斋捐"

穆斯林在月台上礼拜

石崑宾大阿訇在念"呼图白"(1990年)

北京市副市长何鲁丽在宣武区书记金松龄的陪同下到牛街礼拜寺祝贺开斋节并与乡老合影(1990年)

牛街礼拜寺前欢度开斋节的人群

街头丰富多彩的穆斯林小吃

穆斯林炸油香欢度开斋节

庆祝开斋节茶话会上的文艺演出

2．古尔邦节

亦称"忠孝节"、"宰牲节"。阿拉伯语'Id al-Qurbān，意为"献祭""献牲"。为朝觐功课的主要仪式之一，时间是伊斯兰教历12月10日。据传说，先知易卜拉欣晚年得子，当其子13岁时，安拉"启示"易卜拉欣宰子奉献。易卜拉欣谨遵主命，儿子也毅然从命。当父子正在米那山谷执行"启示"时，天使吉卜利勒奉主之命送来一头绵羊，作儿子替身。12月10日，阿拉伯人为纪念易卜拉欣父子为安拉牺牲的精神，便在次日宰牲。凡朝觐者都在次日于米那山谷宰牲。未参加朝觐者当日要盛装赴寺参加会礼。礼毕有条件者宰牲，其中一份施舍穷人，一份馈赠亲友，一份留为自用宴请亲友，并游坟诵经，缅怀先人。

安士伟大阿訇陪同沙特阿拉伯王国大使上殿礼拜(1996年)

穆斯林在月台上做礼拜

石崑宾大阿訇讲"卧尔兹"(演讲)(1993年)

石崑宾、王连仲大阿訇出席庆祝古尔邦节茶话会

穆斯林宰牲庆祝古尔邦节

3．圣纪

亦称"圣忌"。阿拉伯语Mawlid al-Nabiy的意译。相传伊斯兰教先知穆罕默德（约570～632年）诞辰和归真都在伊斯兰教历的3月12日。穆斯林在他诞辰和归真的这天举行集会，将生日与忌日合并纪念，故称"圣纪"，亦称"圣会"。届时，穆斯林要穿戴整洁，到清真寺沐浴更衣、听阿訇们念经，讲述穆罕默德圣人的生平事迹和伊斯兰教的历史。有条件的穆斯林，炸油香、熬肉粥，邀请亲朋聚餐纪念。

石崑宾大阿訇宣讲后带领穆斯林接"都阿"（1993年）

穆斯林在礼拜寺内品尝油香和肉粥

新加坡穆斯林在寺内品尝肉粥共度圣纪(2001年)

⟨三⟩ 穆斯林习俗

伊斯兰教在穆斯林中长期流传，不但对他们的政治、经济、文化产生重大影响，而且还渗入到穆斯林社会生活和风俗习惯的各个方面，已成为穆斯林传统文化、民族习俗的重要组成部分。

1. 经名

中国穆斯林为婴儿命名的礼俗，亦称命名礼。按教法规定，婴儿出生后，应请阿訇取一吉祥名，一般以《古兰经》或其他经籍中提到的先知、贤哲、圣妻、圣女之名为名。命名仪式一般由阿訇主持，命名后由阿訇念诵"清真言"，然后在婴儿耳侧（男左女右）吹一下，意为从人生之初，就使其听到伊斯兰教的核心信仰，令信仰在其心中深深扎根。

阿訇书写的经名

阿訇为新生儿起经名

表九　　　　　　　　　　　　　　　常用经名一览表

男子经名	音　译	意　译	女子经名	音　译	意　译
محمد	穆罕默德	受赞美的	خديجة	赫蒂切	圣妻名
عبد الله	阿卜杜拉	真主的仆	عائشة	阿伊莎	圣妻名
ابراهيم	易卜拉欣	圣人名	فاطمة	法蒂玛	圣女名
يوسف	优素福	圣人名	لطيفة	莱蒂法	文雅的人
موسى	穆　萨	圣人名	عادلة	阿迪莱	公平的
حسن	哈　桑	圣人外孙名	عفيفة	阿菲法	贞洁的
حسين	侯赛因	圣人外孙名	عزيزة	阿齐宰	可爱的
أمين	艾　敏	诚实的	جميلة	哲米莱	美丽的
خالد	哈立德	永恒的	سليمة	赛丽麦	完美的
مصطفى	穆斯塔法	被精选的	ياسمين	亚赛敏	素馨花
حسام	哈萨目	宝　剑	آمنة	阿米娜	安稳的

2．割礼

伊斯兰教礼仪。指为穆斯林男孩割掉阴茎包皮的仪式。教法规定，割礼应在12岁以前进行，如男孩在12岁时实行割礼，则称为"成丁礼"。此后，该人既可独立承担义务。割礼没有固定的仪式，在中国，割礼时多请阿訇念经，然后由专人将男孩包皮割去。现均改为在医院做外科手术。伊斯兰教法认为，割礼是"肯定的圣行"。

阿卜杜拉·马《回忆我的割礼》

3．婚仪

　　中国穆斯林早已废除多妻制，实行一夫一妻制。男女双方自由恋爱结婚，结婚时要到政府有关部门注册登记。中国穆斯林在结婚时，通常请清真寺阿訇主持结婚仪式、证婚并诵念证婚词；同时请阿訇书写结婚证书，即"依扎布"，之后由阿訇念"依扎布"，对婚姻予以确认。此外，还伴有其他习俗。

穆斯林迎娶新人时阿訇念"喜邦克"

婚礼上请阿訇书写 "依扎布"

阿訇向新婚夫妇提问伊斯兰知识

接"都阿"，祈求真主赐予新人幸福平安

沙广禄阿訇在清真寺为新人书写 "依扎布"

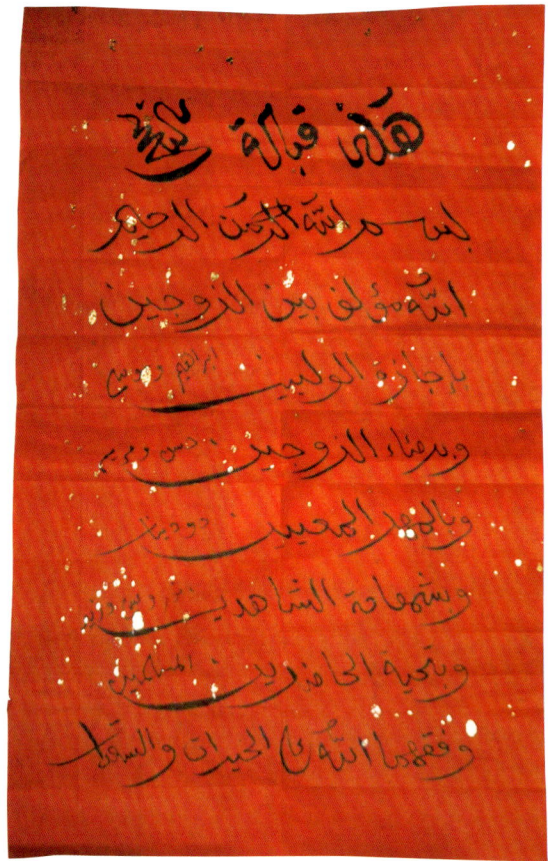

依扎布（结婚证书）

4．葬仪

　　按伊斯兰教义，穆斯林无常（亦称"归真"）后要实行土葬、薄葬、速葬，并为亡人举行葬礼。亡体要在三天内下葬，不用棺木，也不用陪葬品。亡人冲洗之后，以白布裹体入葬，体位南北向，面朝西。穆斯林的土葬习俗受到尊重，政府还专门僻地设置回民公墓和建立回民殡葬管理处，以办理亡者的丧事。

北京市回民公墓

北京市宣武区回民殡葬管理处

1951年初，牛街马姓穆斯林家庭出"埋体"（葬礼）场面

为安士伟大阿訇站"者拿则"（伊斯兰教殡礼仪式——站礼）

牛街穆斯林为石崑宾大阿訇送葬

1995年3月24日，穆斯林群众在回民公墓为王连仲大阿訇送葬

亡者下土入葬

5. 游坟

穆斯林纪念亡者的一种仪式，也是伊斯兰教礼俗之一。穆斯林把游坟作为一种圣行遵守，以示对亡者的纪念和缅怀，并祈求真主"恕饶罪过"。中国穆斯林大多在聚礼、会礼之后，或在亡者生辰、故日，个人或集体请阿訇前往墓地游坟念经。

阿訇在坟地诵经缅怀亡人

穆斯林为亡者游坟

穆斯林为牛街礼拜寺两位筛海游坟，念"都阿"以缅怀先贤

6、禁忌

　　穆斯林的饮食禁忌种类颇多，但几乎都与动物类食品及脂肪类有关，这种禁忌法理来源于《古兰经》、圣训、类比、公议。《古兰经》说："他（安拉——引者）只禁戒你们吃自死物、血液、猪肉、以及诵非真主之名而宰杀的动物。"对于不食猪肉的禁忌，是伊斯兰教法的规定。中国穆斯林对"不食猪肉（油）"禁忌的遵守是特别严格的，已成为中国穆斯林的一种社会习俗。此外《古兰经》中还禁止饮酒；圣训教法还规定其他一些凶残、丑陋的动物也属禁忌。

卷 二　　　　　黄牛 章

〔170〕有人劝他们说："你们应当遵守真主所降示的经典。"他们就说："不然，我们要遵守我们祖先的遗教。"即使他们的祖先无知无识，不循正道〔他们仍要遵守他们的遗教〕吗？〔171〕你号召不信道者，就象叫唤只会听呼喊的牲畜一样。〔他们是〕聋的，是哑的，是瞎的，故他们不了解。〔172〕信道的人们啊！你们可以吃我所供给你们的佳美的食物，你们当感谢真主，如果你们只崇拜他。〔173〕他只禁戒你们吃自死物、血液、猪肉、以及诵非真主之名而宰杀的动物；凡为势所迫，非出自愿，且不过分的人，〔虽吃禁物〕，毫无罪过。因为真主确是至赦的，确是至慈的。〔174〕隐讳真主所降示的经典，而以廉价出卖它的人，只是把火吞到肚子里去，在复活日，真主既不和他们说话，又不涤除他们的罪恶，他们将受痛苦的刑罚。〔175〕这等人，以正道换取迷误，以赦宥换取刑罚，他们真能忍受火刑！〔176〕这是因为真主已降示包含真理的经典，违背经典的人，确已陷于长远的反对中。

〔26〕

《古兰经》第二章第173节

7. 服饰

中国穆斯林的服装，是民族性的，而不是宗教性的。但妇女外出时必须戴盖头，一般老年妇女戴白色盖头，已婚妇女戴黑色盖头，未婚少女戴绿色盖头。男性穆斯林多戴白色礼拜帽，亦有黑色；在清真寺做礼拜都必须戴礼拜帽；领拜的教长或阿訇，必须缠头，称之为缠"代斯塔尔"，内地一般要穿偏襟白色长衫。

男穆斯林服饰

男穆斯林服饰

女穆斯林服饰

女穆斯林服饰

20世纪70年代末，在节日会礼前石崑宾阿訇（左一）与安士伟阿訇（右一）在一起。

阿訇服饰

阿訇服饰

8．经都

亦称"清真牌"。是中国穆斯林开办的商业店铺门前所悬挂的标志牌。用阿拉伯文上书写，有的同时伴有汉文"清真古教"或"西域回回"等字样。回族穆斯林通常在自家大门的门楣上悬挂"经都"，用以表明自己的信仰和祈求平安。经都内容多为清真言，也有"奉至仁至慈的真主之名"、"真主至大"、"一切赞颂全归真主"、"求护词"等内容。最早的经都为纸质，为坚固耐用，渐为铜质、搪瓷质所取代。

回族人家大门上悬挂的经都（1937年）

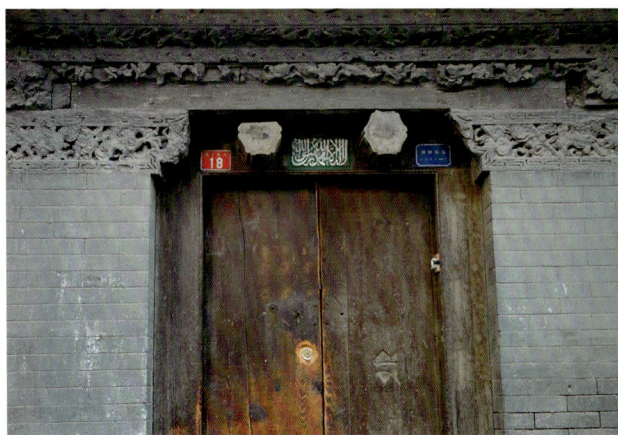

回族人家大门上悬挂的经都

清真牛羊肉市场入口处悬挂的经都

北京牛街吐鲁番餐厅正门上悬挂的经都

回回店铺悬挂的招幌（1940年）

纸质经都

白铁质经都

铜质经都

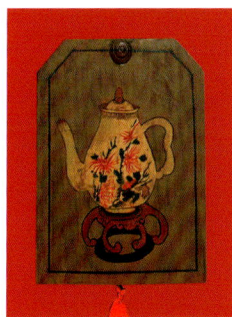 

回回店铺悬挂的招幌(正、背面)

第五章

文化交流

Cultural Exchange

التبادلات الثقافية

牛街礼拜寺因其悠久的历史、鲜明的民族特色和特殊的地理位置、人文环境而受到国内外穆斯林和世人的瞩目，来牛街礼拜寺礼拜、参观、交流的中外穆斯林和游客络绎不绝。随着国际间友好往来的进一步加强，牛街礼拜寺的阿訇们走出国门，在国际交往和文化交流的舞台上展示着中国穆斯林的风采。

Niujie Mosque is famous for its long history, distinctive ethnic features, gifted location and human environment, so that it has been attracting so many visitors from China and overseas year by year, they visit the mosque for worship, cultural exchange or just for sightseeing. With the development of international exchange, imams of Niujie Mosque have been going abroad more frequently to show Chinese Muslims' features on the international stage.

مسجد نيوجيه محط أنظار المسلمين الصينيين والأجانب وغيرهم بفضل تاريخه العريق وسماته القومية الواضحة وموقعه الجغرافي الاستثنائي وظروفيه الإنسانية الفريدة فلا غرو أن سيولا من المسلمين الصينيين والأجانب الوافدين إليه لإقامة الصلاة والزيارة وممارسة التبادلات والسائحين الآخرين لا تنقطع أبدا. وتمشيا مع ازدياد الاتصالات الودية بين الصين وغيرها من البلدان سبق لأئمة مسجد نيوجيه أن توجهوا إلى ما وراء البحار مما أتاح لهم فرص إظهار سيماء المسلمين الصينيين على خشبة مسرح العالم.

一　接待礼拜　来访嘉宾

随着我国改革开放政策的进一步实施，国际交往不断加深，特别是1979年牛街礼拜寺重新开放后，来寺礼拜、参观的人数逐年增多。仅1983年至2008年，牛街礼拜寺共接待外宾和港、澳、台地区同胞达14.6480万人，其中国家元首级宾客24人、部长级以上官员达54人。在2008年北京奥运会期间，接待外宾1168人，涉及74个国家和地区；残奥会期间接待外宾515人，来自57个国家；接待媒体91家，其中，中国18家，境外媒体73家。牛街礼拜寺已不仅仅是穆斯林宗教生活的场所，也是对外文化交流的平台，是世界穆斯林了解中国、认识中国的桥梁和纽带，同时，加深了世界各国人民对中国人民的友谊。

参加亚洲及太平洋区域和平会议的印度、巴基斯坦和印尼等国代表在参观牛街礼拜寺后合影（前排左一为中国代表鲍尔汉)(1952年)

前伊盟秘书长乃绥夫在牛街礼拜寺与中外穆斯林合影(1987年4月)

安士伟、石崑宾大阿訇接待台湾政治大学教授、台湾回教协会理事、回教文化教育基金会董事长
马明道大阿訇（中）(1988年5月)

中国伊斯兰教协会副会长马松亭大阿訇（左三）接见马明道阿訇（左四）后在大殿前留影（左一韦成荣、左二石崑宾）

石崑宾大阿訇接待伊朗前总统哈梅内伊(1989年5月)

美国拳王阿里在签名留念(1993年2月26日)

安士伟大阿訇接待香港"巴哈伊"社团成员(1994年5月27日)

王连仲大阿訇和宣武区伊协秘书长李德育同前来参观的印度尼西亚穆斯林合影(1994年7月6日)

安士伟大阿訇向伊朗第一副总统哈桑·哈比比赠送礼品(1994年8月30日)

安士伟大阿訇接待联合国人权委员会观察员突尼斯人阿莫(1994年11月21日)

印度前总理拉吉夫·甘地夫人索妮娅·甘地在薛天利阿訇的陪同下参观牛街礼拜寺(1996年8月30日)

金光迎阿訇同前来参观的哈萨克斯坦穆斯林合影(1997年12月31日)

沙特阿拉伯王国王储阿卜杜拉·阿齐兹亲王与薛天利大阿訇亲切交谈(1998年10月16日)

薛天利大阿訇同来访的香港伊斯兰联合会主席石辉先生亲切交谈（1999年9月5日）

陈广元大阿訇与摩洛哥国王穆罕默德六世握手(2002年2月7日)

香港伊斯兰协会代表团团长向牛街礼拜寺赠送《古兰经》(2001年4月12日)

283

沙特阿拉伯麦加禁寺伊玛目苏代斯参观牛街礼拜寺(2000年7月5日)

陈广元大阿訇陪同沙特阿拉伯王国议长萨利赫参观牛街礼拜寺（2002年4月16日）

伊朗伊斯兰共和国伊斯兰议会议长卡芦比向牛街礼拜寺赠送地毯（2002年12月11日）

薛天利大阿訇代表牛街礼拜寺向科摩罗总统桑比赠送礼品(2006年11月1日)

参加开斋节会礼后，埃及诵经师在选购纪念品

苏丹总统助理、全国大会党副主席阿里·纳苏阿一行五人参观牛街礼拜寺

孟加拉陆军总参谋长参观牛街礼拜寺

联合国世界妇女大会在北京召开期间各国穆斯林妇女代表来牛街礼拜寺参观访问（1995年）

2008年北京奥运会火炬传递中的穆斯林观众

北京奥运会期间牛街礼拜寺三位阿訇到奥运村宗教场所，参加为外国穆斯林的志愿服务。

北京奥运会期间牛街礼拜寺三位阿訇到奥运村宗教场所，参加为外国穆斯林的志愿服务。

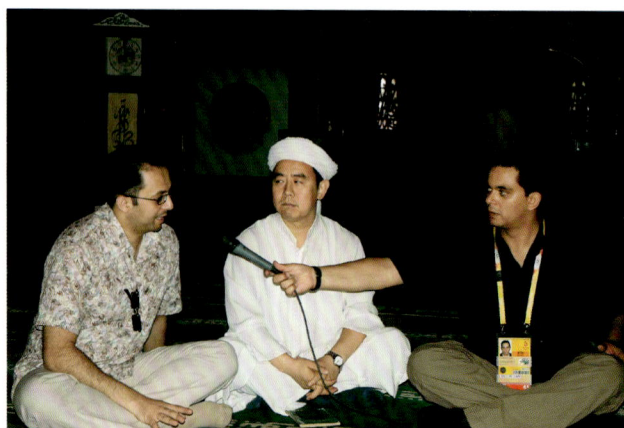

北京奥运会期间埃及国家电视台在牛街礼拜寺大殿采访李书文阿訇

奉至仁至慈的真主之名

　　一切赞颂全归真主。愿真主赐福于使教师并使他平安。

　　值此卡塔尔国中央直辖市代表团访问中华人民共和国之际，代表团访问国牛街礼拜寺，使我们知道这个大寺市北京最古老的清真寺。我们祝愿中国穆斯林弟兄长足进步和幸福，并望其同世界穆斯林弟兄保持联系。

卡塔尔中央直辖市市长
易卜拉欣·阿布杜拉·拉赫麦·海都斯

代表团成员：

哈利德·吉卜勒·卡洼尔
艾哈麦德·易卜拉欣·希布
纳赛尔·阿布杜拉·克尔比
昂尼姆·萨里哈·卡洼尔

2004年7月2日（主麻日）

卡塔尔中央直辖市市
长易卜拉欣·阿卜杜
拉·拉赫麦·海都斯
（2004年7月2日）留
言及译文

奉崇高的真主之名

　　通过这座清真寺伊玛目易卜拉欣都长的介绍，我的亲眼所见和亲子所闻，充分证明国伟大的中国在其发展过和中对该国穆斯林的重视和关怀，而这正是我由衷的期望。我祝福这个国家的穆斯林天堂有位。

你们主道上的兄弟科摩罗总统
艾哈迈德 阿卜杜拉 穆罕默德 桑比

科摩罗总统艾哈买
德·阿卜杜拉·默罕
默德·桑比（2006年
11月1日）留言及译文

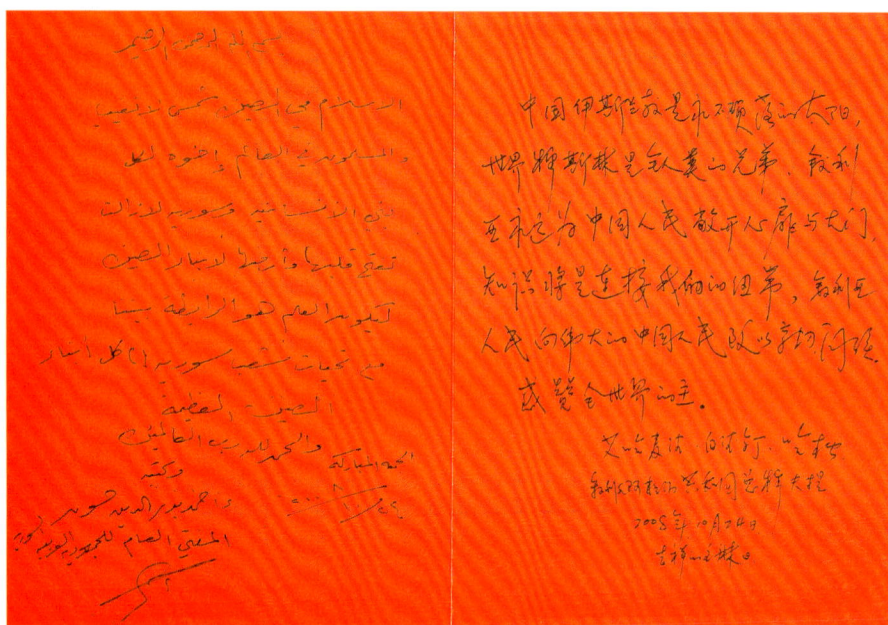

叙利亚阿拉伯共和国总统穆夫提艾哈麦德·白德尔丁·哈松（2008年10月24日）留言

留言簿

表十　　　　　　　牛街礼拜寺接待国家元首级贵宾一览表(1985～2008年)

来 访 时 间		来 访 者
1985年	4月	印度尼西亚前总理哈迪
	6月	伊朗政府代表团（议长拉夫桑贾尼为团长）
1986年	7月	伊朗政府经济代表团（副总理米尔扎德为团长）
		伊朗副总理米尔扎德
1988年	2月	伊朗伊斯兰议会代表团（副议长霍·穆·雅迪兹为团长）
	11月	科摩罗总统艾·阿卜杜拉
1989年	5月	伊朗总统哈梅内伊
	6月	巴基斯坦参议院访华代表团（主席瓦西姆·萨贾德为团长）
	7月	巴基斯坦律师协会代表团（参议院主席瓦西姆·萨贾德为团长）
	10月	科摩罗议会代表团（副议长纳索夫为团长）
1990年		科摩罗总统
		巴基斯坦总统伊沙克汗
		孟加拉国总统艾尔沙德

1992年	1月	以色列副总理兼外交部长利维
	9月	马来西亚前国王赛义德
1993年	9月	科威特议会议长艾哈迈德·萨敦
	10月	科威特前副首相兼外长萨巴赫
1994年	02月04日	巴基斯坦参议院主席瓦西姆·萨贾德
	08月26日	马来西亚副首相安瓦尔·伊卜拉希姆
	08月30日	伊朗第一副总统哈桑·哈比比
	09月30日	阿曼苏丹国协商会议主席阿卜杜拉·阿里·卡塔比
	10月14日	巴基斯坦议长吉拉尼
1995年	04月07日	科威特王储兼首相谢赫·萨阿德·阿卜杜拉·萨利姆·萨巴赫
	05月26日	伊朗副总统米尔拉德
1996年	05月17日	阿拉伯联合酋长国议会议长穆海利比
1997年	07月09日	马来西亚最高元首贾阿法
1999年	12月02日	伊朗副总统穆罕默德·哈希米
	12月03日	印度尼西亚总统瓦希德
2000年	06月23日	伊朗总统哈塔米

2001年	04月25日	马来西亚最高元首苏丹·萨拉赫丁
2002年	02月07日	摩洛哥国王穆罕默德六世
	04月16日	沙特议长萨利赫
	04月29日	印度尼西亚人民协商会议主席拉伊斯
	12月11日	伊朗伊斯兰议会议长卡芦比
2003年	06月19日	科摩罗总统阿扎利夫妇
2004年	08月02日	巴基斯坦参议院主席苏姆罗
	10月29日	巴基斯坦国民议会议长侯赛因
2005年	03月01日	马来西亚最高元首希拉杰丁夫妇
2006年	03月31日	印度尼西亚人民协商会议副主席、民族使命党指导委员会副主席法特瓦
	10月24日	毛里求斯副总统班敦夫妇
	11月01日	科摩罗总统桑比夫妇
2007年	08月09日	伊朗古兰经经注家、思想家格拉阿提
	09月05日	印度尼西亚人民协商会议主席希达亚特
2008年	02月29日	尼日利亚总统亚拉杜瓦
	05月17日	伊朗伊斯兰文化联络组织主席穆斯塔法维博士

表十一　　　　　　　　牛街礼拜寺接待外宾及港澳台同胞统计表（1983～2008年）

时间	接待人次				合计
	外宾	港澳台同胞			
		小计	港澳	台湾	
1983年	972	58	56	2	1030
1984年	1356	84	81	3	1440
1985年	1500	112	110	2	1612
1986年	2146	127	126	1	2273
1987年	2731	984	982	2	3715
1988年	2330	79	30	49	2409
1989年	2306	46	17	29	2352
1992年	3272	145	48	97	3417
1993年	3846	68	21	47	3914
1994年	5824	53	38	15	5877
1995年	6199	126	101	25	6325
1996年	7408	43	25	18	7451
1997年	8584	105	63	42	8689
1998年	4928	79	46	33	5007
1999年	7056	107	49	58	7163
2000年	9104	215	55	160	9319
2001年	10043	584	369	215	10627
2002年	11789	206	89	117	11995
2003年	4169	85	41	44	4254
2004年	9344	123	55	68	9467
2005年					2533
2006年	10687	189	98	91	10876
2007年	12883	224	135	89	13107
2008年	11297	331	207	124	11628
总计	139774	4173	2842	1331	146480

（三） 走出国门　文化交流

1906年，牛街礼拜寺王宽大阿訇（1848～1919年）[1]到麦加朝觐后便游学埃及、土耳其等地进行考察，受到土耳其苏丹阿卜杜勒·哈米德二世的礼遇。翌年归国时，携回哈米德二世赠送的经书千余卷，并聘请土耳其经学专家哈夫苏·哈桑和阿里·里达一同来华传授《古兰经》诵读学及诵读方法。1921年达浦生[2]大阿訇赴南洋群岛等地考察伊斯兰教育；1938年12月达浦生大阿訇赴南亚、中东宣传中国抗日，并在《金字塔》报发表《告世界穆斯林书》，揭露日寇侵华罪行，呼吁全世界穆斯林支持中国抗战。

新中国建立后，中外文化交流日益广泛，随着国际间交往日益加强，牛街礼拜寺的伊玛目和著名阿訇，多次出访穆斯林国家和地区，积极参与国际政治与文化交流。1952年，达浦生作为新中国的代表赴赫尔辛基出席了"维也纳世界和平大会"，1956年以宗教顾问的身份参加了周恩来总理率领的中国代表团出席"万隆会议"。1966年安士伟大阿訇出访巴基斯坦，在孟加拉达卡大学宣讲，先后出访过亚洲、非洲等20多个阿拉伯、伊斯兰教国家[3]。1981年11月石崑宾大阿訇出席在印度召开的亚洲宗教和平会议、1989年在摩洛哥"逊乃"清真大寺用阿文演讲《中国穆斯林如何度过斋月》。他曾出访前苏联、埃及、伊朗、巴基斯坦、摩洛哥等十多个国家[4]。此外，王连仲、薛天利[5]大阿訇以及曾经在牛街礼拜寺任过大阿訇的陈广元[6]，都曾多次出访伊斯兰教国家，为促进中国与伊斯兰世界的友好往来与文化交流作出了重要的贡献。

[1]《中国伊斯兰教百科全书》，第581页，四川辞书出版社，1994年。

[2]《中国伊斯兰教百科全书》，第118页，四川辞书出版社，1994年。

[3]《中国穆斯林》纪念专刊——安士伟大阿訇诞辰90周年纪念文集，第1～2页，2009年。

[4]《石崑宾》，北京市宣武区档案馆，2007年。

[5] 薛天利，1933年5月19日生人。回族，1997年至今为牛街礼拜寺大阿訇。2009年5月14日当选为北京市伊斯兰教协会第六届会长。

[6] 陈广元，1932年生于河北省，1958年毕业于中国伊斯兰教经学院，先后担任牛街清真寺和东四清真寺伊玛目至今，四次赴圣地麦加朝觐，十多次出访阿拉伯-伊斯兰国家，著有《伊斯兰基本知识》、《古兰经百问》等多部著作及百余篇论文。1999年起任北京市伊斯兰教协会会长，2000年当选中国伊斯兰教协会会长暨中国伊斯兰教经学院院长。据《人民网》2000年12月29日。

安士伟大阿訇访问巴基斯坦时在巴达沙(Badshai)清真寺前合影(1966年6月22日)

安士伟大阿訇访问巴基斯坦时在孟加拉达卡大学宣讲(1966年6月22日)

安士伟大阿訇（前右三）访问巴基斯坦时在卡拉奇市一筛海墓前接"都阿"（1966年6月）

石崑宾大阿訇在印度出席亚洲宗教和平会议(1981年11月)

亚洲宗教和平会议期间印度副总统接见我国宗教代表团成员(1981年11月)

王连仲大阿訇（左四）随中国伊斯兰教协会代表团访问香港(1987年1月)

香港中华博爱社脱维善主席向中国伊斯兰教协会代表团赠送礼品（1987年1月）

石崑宾大阿訇在摩洛哥"逊乃"清真大寺用阿文演讲(1989年)

石崑宾大阿訇1989年出访摩洛哥时的演讲手稿——《中国穆斯林如何度过斋月》

安士伟阿訇在巴基斯坦议会大厦前种植中巴友谊树(1990年11月30日)

薛天利阿訇（左四）随北京市伊斯兰教代表团访问香港(1997年8月)

薛天利阿訇（前左五）出访印尼时与印尼朋友合影(1997年8月)

薛天利阿訇（左一）参观印尼图书馆(1997年8月)

表十二　　　　　　　　牛街礼拜寺阿訇出访交流一览表（1906～1997年）＊

序号	时　间	姓　名	出　访　情　况
01	1906年	王　宽	赴麦加朝觐；考察西亚各国的教育事业受到土耳其苏丹阿卜杜勒·哈米德二世的接待，接受赠经书千余卷
02	1921年	达浦生	赴南洋群岛等地考察伊斯兰教育
03	1938年2月	达浦生	出席"世界回教大会"，揭露日军侵华罪行
04	1979年5月	石崑宾	随中国伊协代表团访问利比亚
05	1966年6月	安士伟	出访巴基斯坦
06	1981年11月	石崑宾	出席亚洲宗教和平会议
07	1983年	石崑宾	参加伊朗革命四周年庆祝活动
08	1984年12月	石崑宾	出席巴基斯坦第九届全国圣纪会议
09	1987年1月	王连仲	中国伊斯兰教协会代表团成员，访问香港
10	1989年	石崑宾	赴摩洛哥参观访问，并在"逊奈"清真大寺演讲
11	1989年7月	石崑宾	参加伊朗霍梅尼逝世40日悼念活动
12	1997年8月	薛天利	北京市伊斯兰教协会代表团成员，访问印度尼西亚；回程时访问香港

＊ 本表仅系在牛街礼拜寺任职期间的大阿訇出访交流部分统计。

（三）外国国家元首及团体、友人和港台贵宾赠送的礼品

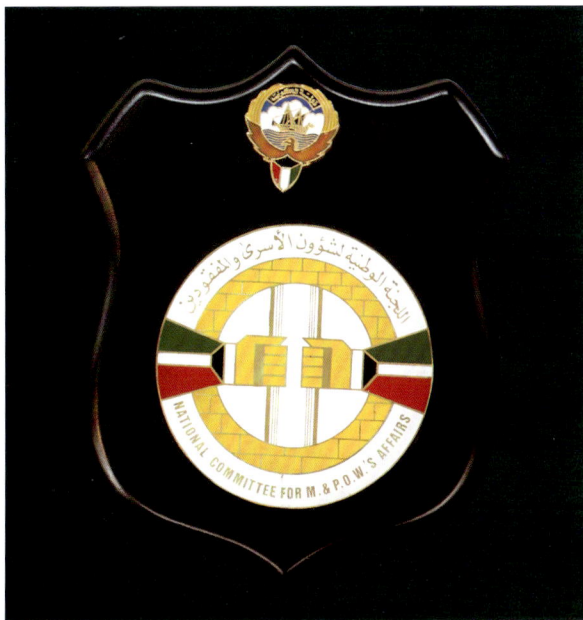

科威特寻找战俘和失踪人员委员会赠（1993年10月）

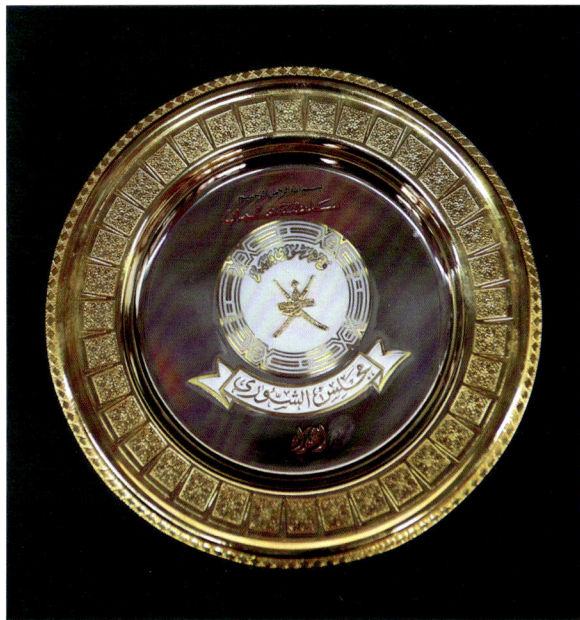

阿曼苏丹国协商会议主席卡塔比赠（1994年9月30日）

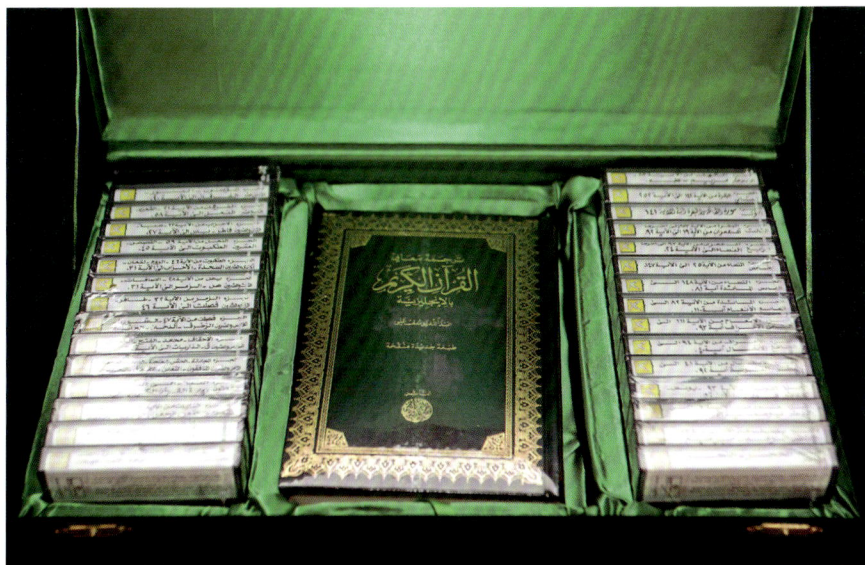

科威特王储兼首相萨巴赫赠（1995年4月7日）

亚太伊斯兰协会赠（1995年9月）

印度尼西亚穆斯林赠（1996年）　　　　印度尼西亚亚奇市穆斯林赠（1995年）

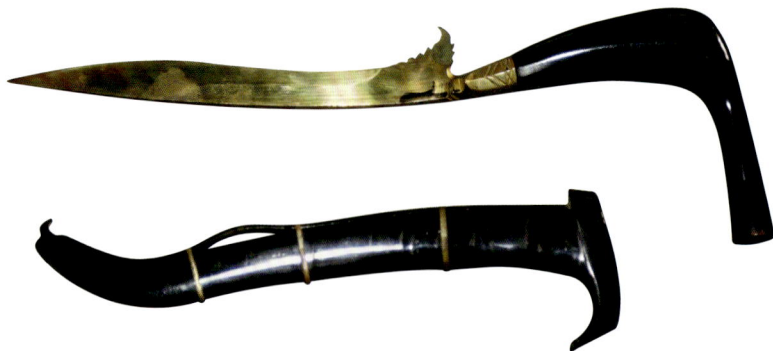

巴基斯坦外宾赠（1997年）

马来西亚穆斯林赠（1999年6月12日）

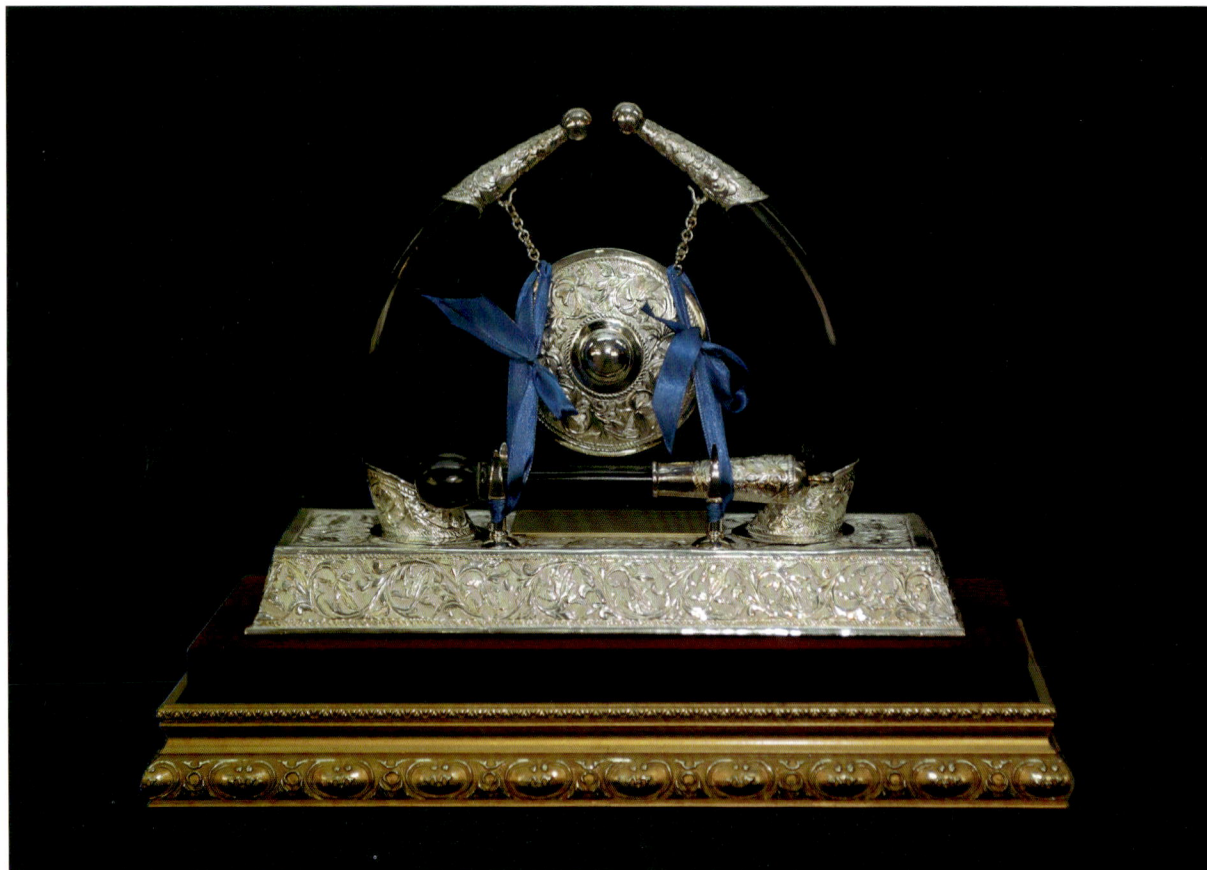

马来西亚最高元首萨拉赫丁赠（2001年4月25日）

马来西亚最高元首萨拉赫丁赠（2001年4月25日）

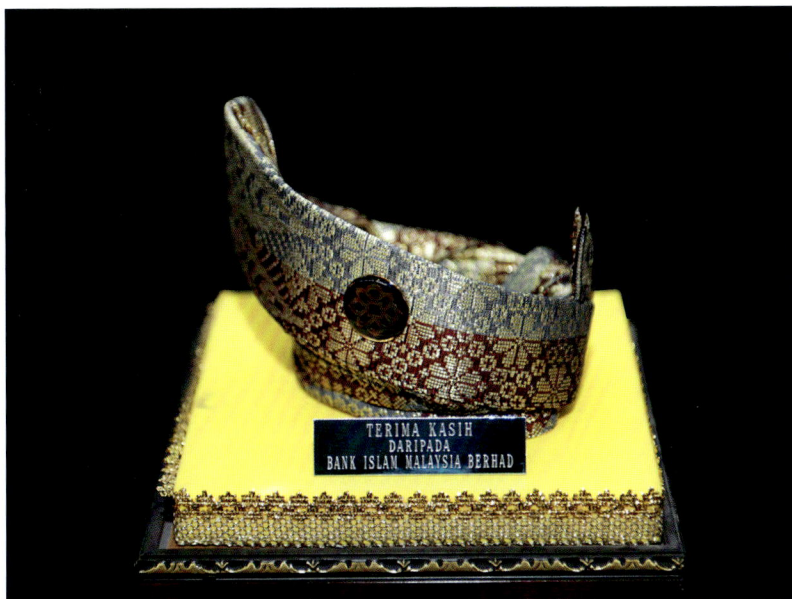

马来西亚伊斯兰银行赠（2001年5月26日）

伊朗伊斯兰议会议长卡芦比赠（2002年12月11日）　　　　巴基斯坦外宾赠（2002年）

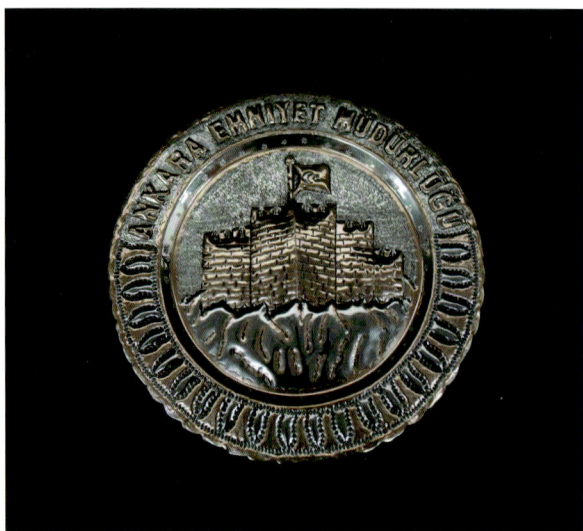

土耳其警察代表团赠（2004年4月24日）

巴基斯坦参议院主席苏姆罗赠（2004年8月2日）

乌兹别克斯坦大使赠（2004年5月9日）

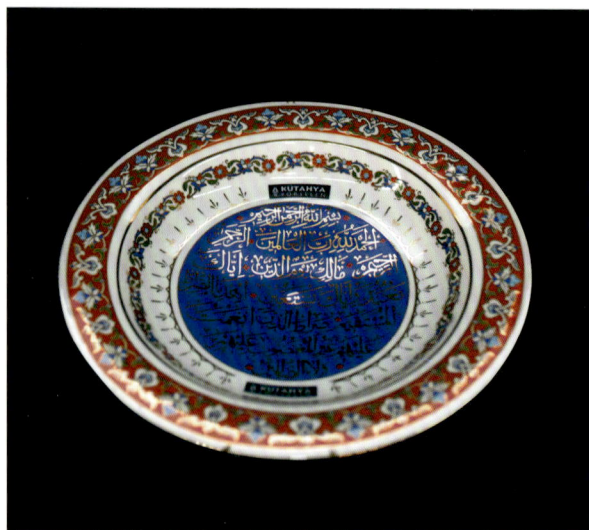

土耳其安卡拉市警察局长赠（2004年11月22日）

印度尼西亚人民协商会议赠（2004年）

伊朗伊玛姆赠（2007年8月23日）

马来西亚登嘉楼州州长伊德利斯赠（2006年9月11日）

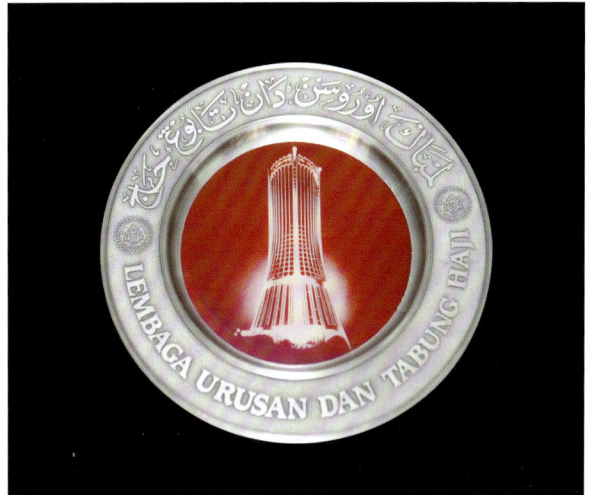

马来西亚朝觐基金会赠

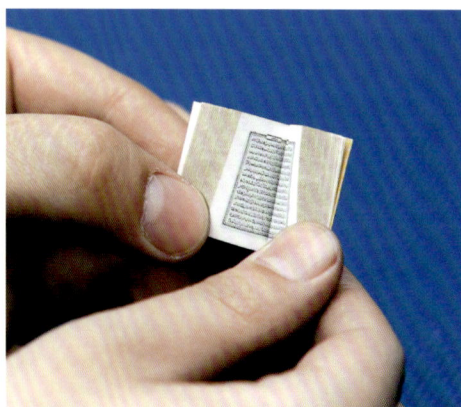

伊斯蘭教

馬明道編著

常子萱題

中國回教協會教義研究委員會出版

台湾马明道教授赠《伊斯兰教》一书（1988年）

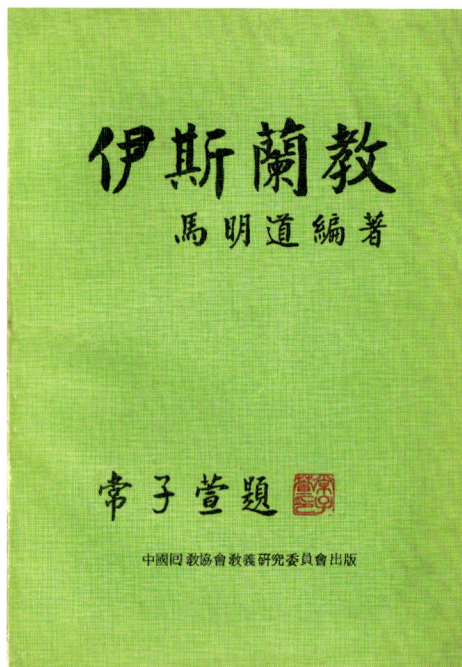

香港伊斯兰青年协会赠袖珍《古兰经》

马来西亚外宾赠

（四）马来西亚邮票上的牛街礼拜寺

　　2004年5月31日，马来西亚邮政公司为纪念"马来西亚——中国建交30周年"，发行纪念邮票一套。全套共四枚，加小型张一枚。小型张图案为马六甲清真寺、灯塔和北京牛街礼拜寺[1]。图案象征着中马两国人民的友好往来，牛街礼拜寺图案是中马两国穆斯林共同信仰，友好交往的标志，也是中国传统文化的重要符号。

附录

Appendix

ملحق

附录收录原则：曾在牛街礼拜寺任过伊玛目，或曾任牛街礼拜寺管委会负责人及在牛街礼拜寺学习或工作的大阿訇，并在北京有墓碑存世者。由于时间和资料所限，本文只收录八位。

达浦生墓碑[1]

碑阳录文

中國伊斯蘭教經學院院長
中國伊斯蘭教協會副主任
中國人民政治協商會議常務委員會委員
全國人民代表大會第一、二、三屆代表

努爾·穆罕默德·達浦生大阿訇
生於一八七五年五月十五日歿於一九六五年六月廿一日
享年九十有一

阿伊莎·武芝亭 夫婦之墓
生於一八八二年十月廿六日歿於一九五三年五月五日
享年七十有二

碑阴录文

子
達應徵
達秋鷹
達應徽
達應徹
達應敏
達蘋洲

李貴珍

鄭綺文

孫
達健
達傛
達仅
達仁
達倫
達儼
達傑
達安
達儼
達儒
達僋
達勤

馬桂霞

達任

滿麗香

徐永珍

伍貽模

[1] 达浦生（1874~1965年），葬于北京市海淀区西北旺回民公墓。

杨明远墓碑[1]

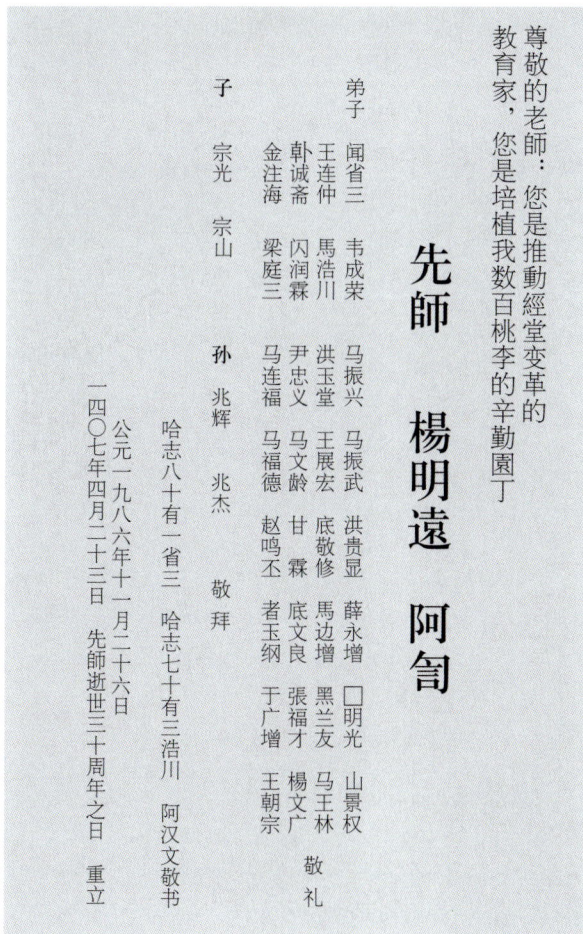

尊敬的老師：您是推動經堂變革的教育家，您是培植我数百桃李的辛勤園丁

先師　楊明遠　阿訇

弟子　闻省三　韦成荣　马振兴　马振武　洪贵显　薛永增　□明光　山景权
　　　王连仲　马浩川　洪玉堂　王展宏　底敬修　马边增　黑兰友　马王林
　　　斡诚斋　闪润霖　尹忠义　马文龄　甘霖　底文良　张福才　杨文广
　　　金注海　梁庭三　马连福　马福德　赵鸣丕　者玉纲　于广增　王朝宗
敬礼

子　宗光　宗山　孙　兆辉　兆杰　敬拜

哈志八十有一省三　哈志七十有三浩川　阿汉文敬书

公元一九八六年十一月二十六日
一四〇七年四月二十三日　先师逝世三十周年之日　重立

碑阳录文

[1] 杨明远(1895～1956年)，葬于北京市海淀区西北旺回民公墓。墓碑高96、宽40、厚8厘米，青石质。

馬松亭墓碑[1]

碑阳录文：

一九一七年三月十二日　生　一九九八年七月九日
一八九五年二月十九日
慈母　沙景賢
父　馬松亭　　大人之墓
一九九二年元月十六日　歸真
子國
興勳隆光基輝　啟佑
女國
中慶慈靖　暨孫重孫敬立

碑阳录文

原碑阳录文：

一八九五年二月十九日生　一九九二年元月十六日卒
政協全國委員會委員
中國伊斯蘭教協會副會長
中國伊斯蘭教經學院名譽院長
馬松亭大阿訇之墓
妻沙景賢率子國
興隆光基輝啟佑
女國
中慶慈靖暨孫重孫敬立

原碑阳录文

原碑阴录文：

先夫諱壽齡經名哈吉·阿卜杜·萊希姆字松亭以字行北
京人生于伊斯蘭世家少敏慧習經書篤學不倦老而彌堅
斯蘭阿拉伯文造詣良深斯文研習獨到為世所罕廿六起歷及漢譯伊
師範論著月重慶北香港北京等地開學協作阿訇曾創立成達
首創辦新文德嘔圖書入教國鞠躬盡瘁漢印流傳協作阿訇曾遣留學華文周
報含辛茹嚴苦守又功惟信惟誠事親富貢獻子卓才夫弘揚性後進寬仁敬惟
化奉教典德潔行懿德其風品級國人共仰外尊獎掖今後進寬仁敦厚歸真
格其高志潔行潔其風品級寡妻共泣仰海外壬申孟晉昏辭世歸真
功德永存顧主升髙其品級寡妻泣仰海外壬申孟晉昏辭世歸真

原碑阴录文

[1]　马松亭（1895～1992年），葬于北京市回民公墓（卢沟桥）。1998年7月其妻沙景贤逝世后同葬一处，重立新碑。墓碑通高140、宽55、厚14厘米。碑阴素面，无字。

王连仲墓碑[1]

碑阳录文

王连仲 大阿訇 之墓

北京市伊斯蘭教常委、中國伊斯蘭教協會委員 牛街禮拜寺阿訇、中國伊斯蘭教協會委員

北京市伊斯蘭教協會名譽會長

一九〇九年六月二十九日生　一九九五年三月二十三日歸真

子
啓光　啓珩

媳
馬秀榮　何秀榮

佩珍　佩慈　佩賢

女
佩麗

婿
賈崇康　穆祥思　管勝利　王少文

孫
王輝　王威立　王詰

碑阴录文

著名伊斯蘭教學者經師經名努倫迪尼字捷卿生於北京

牛街經學世家自幼攻讀經書成績卓著廿六歲學成挂帳

精通阿拉伯波斯文經典注釋學聖訓學教法學

認主學等均有精深研究歷任薛家營新保安大連大韓寨

三裏河花市教子胡同東四牛街等清真寺阿訇設幃講學

門徒衆多主持教務曾在成達師範講授阿拉伯文一生虔

誠認主恪守五功嚴於律己忠於伊斯蘭事業宣傳伊斯蘭

文化德高望重在市區民族宗教政協各項活動中積極工

作在文革浩劫中受到摧殘迫害落實政策后雖年事已高

仍主持教務參加社會活動愛國愛教屢受表彰和穆民擁

戴今復命歸真功德永存祈求安拉升高其在天堂的品級

---

[1]　王连仲（1909～1995年），葬于北京回民公墓（卢沟桥）。墓碑高172、宽60、厚10厘米。青白石质。

石崑宾墓碑[1]

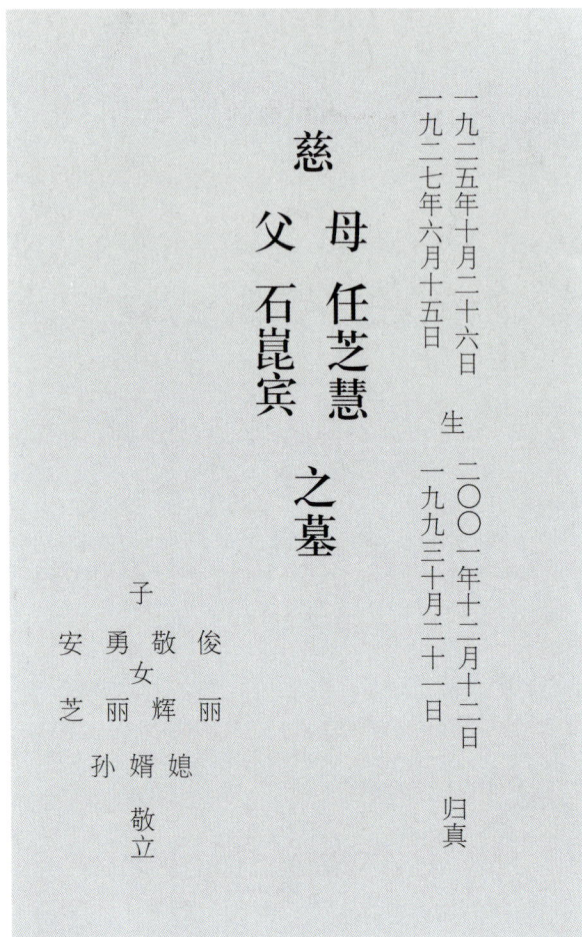

一九二五年十月二十六日　生　二○○一年十二月十二日　归真
一九二七年六月十五日　　　　一九九三十月二十一日

慈　母　任芝慧
父　石崑宾　之墓

子　俊　丽
安勇敬　丽
女　辉
芝丽　　　
孙　婿媳
　敬
　立

碑阳录文

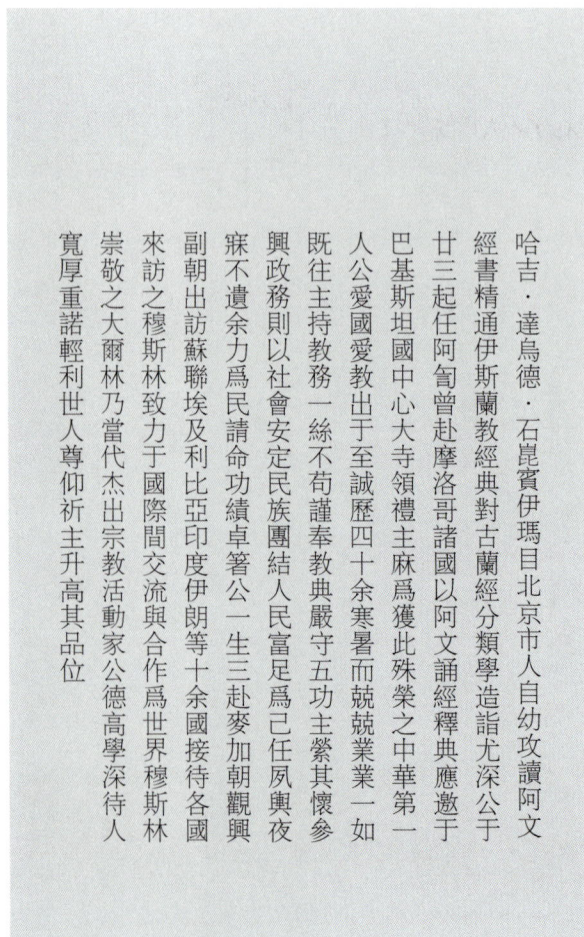

哈吉·達烏德·石崑賓伊瑪目北京市人自幼攻讀阿文
經書精通伊斯蘭教經典對古蘭經分類學造詣尤深公于
廿三起任阿訇曾赴摩洛哥諸國以阿文誦經釋典應邀于
巴基斯坦國中心大寺領禮主麻爲獲此殊榮之中華第一
人公愛國愛教出于至誠歷四十余寒暑而兢兢業業一如
既往主持教務一絲不苟謹奉教典嚴守五功主紫其懷參
興政務則以社會安定民族團結人民富足爲己任夙興夜
寐不遺余力爲民請命功績卓箸公一生三赴麥加朝觀興
副朝出訪蘇聯埃及利比亞印度伊朗等十余國接待各國
來訪之穆斯林致力于國際間交流與合作爲世界穆斯林
崇敬之大爾林乃當代杰出宗教活動家公德高學深待人
寬厚重諾輕利世人尊仰祈主升高其品位

碑阴录文

[1] 石崑宾（1927～1993年），葬于北京回民公墓（卢沟桥）。墓碑通高172、宽141、厚11厘米。青白石质。

安士伟墓碑[1]

父 公元 一九一九年四月十五日 生 一九九八年七月十四日 归真
母 一九二二年三月廿一日 至 二〇〇〇年元月廿五日

先父 安士偉 大人之墓
慈母 安學勤

子 胜利 前進 勤生 全胜 女 和平 太平 桂平 胜平 敬立

碑阳录文

哈吉·薩利赫·安士偉大阿訇，回族，一九一九年四月十五日生于河北保定一个清貧的穆斯林家庭。自幼习經，九岁投師河北、沈阳、北京等地清真寺研讀伊斯兰經典，一九四八年挂幛。先后任北京手帕胡同清真寺、東四清真寺、牛街礼拜寺伊玛目。曾任中國伊协会长、中國經學院院長。北京伊协会长、北京经學院院長。历任第五至九届全國政协委员、常委和民族宗教委副主任，北京市第七至十一届人大代表、常委并但任中國和平統一促進常务理事、中國海外交流协会常务理事、中外社会文化交流協會名譽理事、中國殘联理事、中國巴基斯坦友好协会副會長、世界伊盟亞洲协調委員会执行局委員等职。毕生敬畏真主，天志不渝，愛國愛教、虔誠敬业；心系穆民，爲人謙和；淡泊名利，死而後已。在半个多世纪的長河中，爲弘揚伊斯蘭文化、加强民族团結，促進中外交流，維护世界和平做出了积极贡献。一生四次朝覲。出訪二十多个國家，走遍全國穆區，在國内外穆斯林中享有崇高威望。

安士偉大阿訇一九九八年七月十四日在北京归真，享年七十九歲。』祈求真主擢升他在天园中的品位，阿敏！

碑阴录文

[1] 安士伟（1919～1998年），葬于北京回民公墓（卢沟桥）。墓碑通高200、宽70、厚17厘米。

李德寿墓碑^[1]

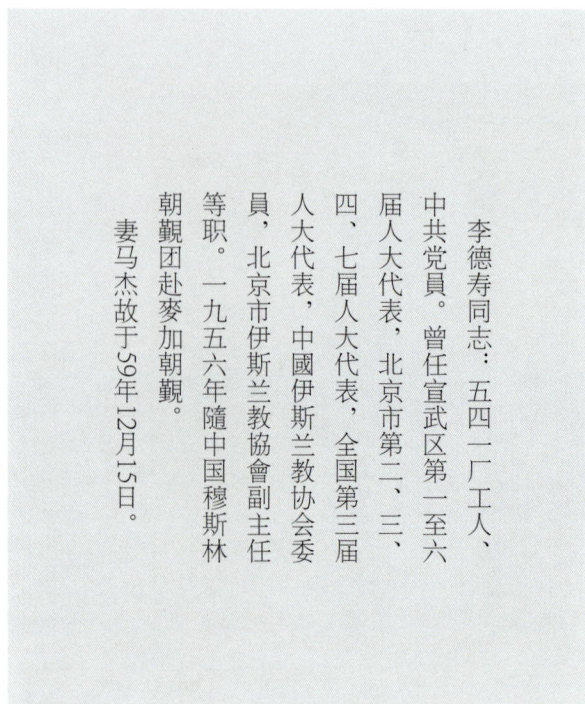

李德寿同志：五四一厂工人、中共党员。曾任宣武区第一至六届人大代表，北京市第二、三、四、七届人大代表，全国第三届人大代表，中國伊斯兰教協會副主任委員，北京市伊斯兰教协会委员，一九五六年随中国穆斯林朝觐团赴麥加朝觐。妻马杰故于59年12月15日。

李德寿墓盖上刻铭文录文

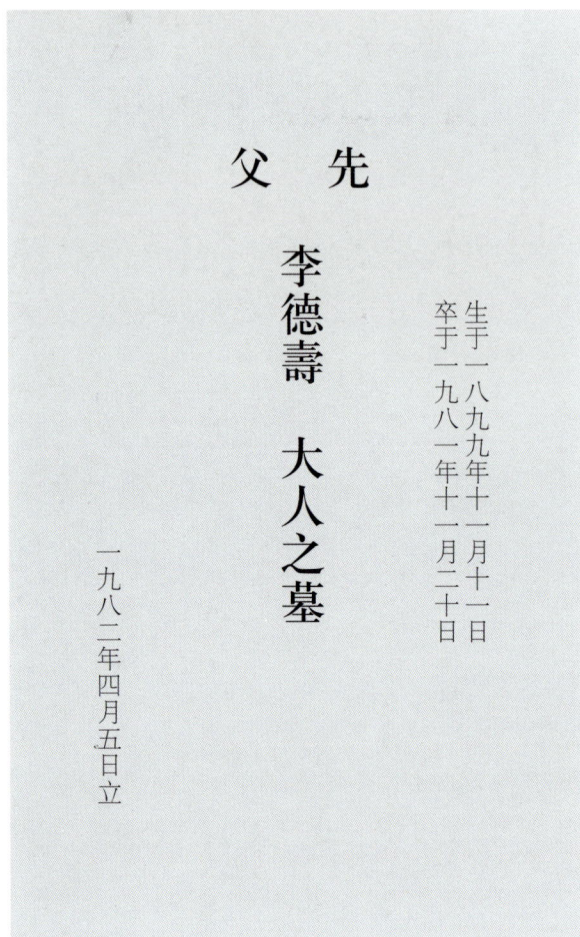

先

父 李德壽 大人之墓

生于一八九九年十一月十一日

卒于一九八一年十一月二十日

一九八二年四月五日立

碑阳录文

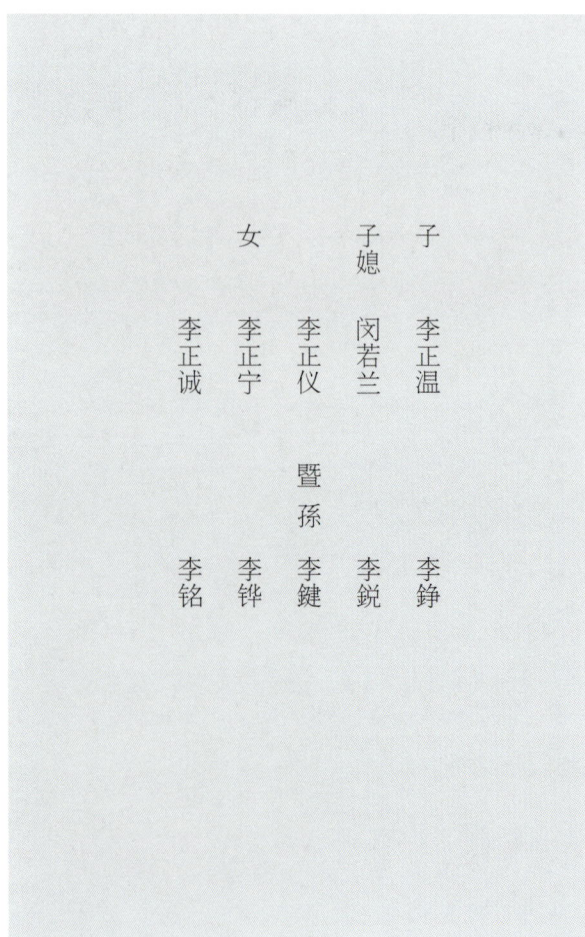

子 李正温 李錚

子媳 闵若兰 李鋭

李正仪 暨孫 李鍵

女 李正宁 李鏵

李正诚 李铭

碑阴录文

---

[1] 李德寿（1899～1981年），葬于北京市海淀区西北旺回民公墓。碑高80、宽37、厚8厘米。座长60、宽41、高13厘米。青白石质。墓盖上刻有铭文。

馬耀墓碑[1]

慈　母　生于

父　母　賽　一九一七年六月五日

哈　賽　里　一九一七年八月二日　故于　二〇〇〇年五月廿四日

吉　里　麦　一九九九年一月廿二日

婿　劉長斗

　穆　麦　馬

媳　馬吉芝

罕　馬

女　趙淑琴

默　馬茹艾

　秀

　王仁民

德　馬　子　馬慶國

　來守忠

　阿　秀　馬慶芝

　馬意艾

里　　英　馬慶來

　李友玲

馬

敬立

耀　之墓

碑阳录文

教書育人　桃李芬芳

愛國愛教　穆民榜样

碑阴录文

[1] 马耀（1917～1999年），葬于北京市回民公墓（卢沟桥）。墓碑通高140、宽60、厚10厘米。

《牛街礼拜寺历史文化陈列》设计图（河北金大陆展览装饰有限公司）

参考文献

1．曾问吾编：《中国经营西域史》，商务印书馆，1936年。

2．马坚译著：《伊斯兰哲学史》，中华书局，1958年。

3．吴云贵、金宜久、戴康生、安保枝译：《伊斯兰教简史》，中国社会科学出版社，1981年。

4．杨永昌：《漫谈清真寺》，宁夏人民出版社，1981年。

5．白寿彝：《中国伊斯兰史存稿》，宁夏人民出版社，1983年。

6．沈福伟：《中西文化交流史》，上海人民出版社，1985年。

7．金宜久主编：《伊斯兰教概论》，青海人民出版社，1987年。

8．《北京市志稿·宗教卷》，燕山出版社，1989年。

9．金宜久主编：《伊斯兰教史》，中国社会科学出版社，1990年。

10．秦惠彬：《中国的伊斯兰教》，商务印书馆，1991年。

11．北京市政协文史资料研究委员会、北京市民政局古籍整理出版规划小组编：《北京牛街志书——〈冈志〉》，北京出版社，1991年。

12．中国社会科学院世界宗教研究所伊斯兰教研究室：《伊斯兰教文化面面观》，齐鲁书社，1991年。

13．中国伊斯兰教百科全书编委会编：《中国伊斯兰教百科全书》，四川辞书出版社，1994年。

14．秦惠彬：《中国伊斯兰教与传统文化》，中国社会科学出版社，1995年。

15．马旷源：《回族文化论集》，中国文联出版公司，1998年。

16．秦惠彬主编：《中国伊斯兰教基础知识》，宗教文化出版社，1999年。

17．刘东声、刘盛林主编：《北京牛街》，北京出版社，1999年。

18．北京市宣武区政协文史资料委员会编：《宣武文史集萃》，中国文史出版社，2000年。

19．《北京牛街礼拜寺》（牛街礼拜寺创建一千年画册），今日中国出版。

20．《中国妇女》月刊，（海外版），2004年。

21．金宜久主编：《伊斯兰教小辞典》（修订版），上海辞书出版社，2006年。

22．张星烺编：《中西交通史料汇编》(共六册)，中华书局。

后记

Acknowledgements

خاتمة

后 记

面对即将付梓的《清真古韵——北京牛街礼拜寺》书稿，令我们所有参与这项工作的人都感到欣慰。

从2007年3月8日，北京市宣武区人民政府民宗侨办和宣武区伊斯兰教协会在宣武区人民政府牛街街道办事处会议室，召开"牛街礼拜寺历史文化陈列"论证会开始，就确定了"小展览，大视野"的办展宗旨；明确了由原首都博物馆馆长、研究馆员马希桂先生统领此项工作，北京石刻艺术博物馆副研究馆员明晓艳负责撰写展览大纲，国家博物馆研究员周士琦先生、中国地质博物馆研究馆员陈开宇先生、首都博物馆副研究馆员程旭先生负责展览形式设计，同时提出出版相关书籍，为今天《清真古韵——北京牛街礼拜寺》一书的出版奠定了基础。

在过去两年多的日子里，不知道有多少天，也不知道有多少个节假日我们奔波于图书馆、档案馆、资料室，却得到很少的有价值的信息，由于历史的原因，我国档案管理起步较晚，特别是宗教档案少之又少，对于发掘有着一千多年历史的牛街礼拜寺历史文化困难重重，特别是该寺的始建年代、标志牛街礼拜寺为明代官寺和康熙帝所赐匾额的宫廷档案等等，这些关系到牛街礼拜寺历史发展与定位的重要文献都没有找到满意的答案。但是，这项工作得到了各级领导、伊斯兰教有关专家学者和阿訇、乡老们的鼎力支持，当《牛街礼拜寺历史文化陈列》大纲征求意见稿出台后，在牛街礼拜寺内的宣传栏内公示了一个月，同时送请有关单位领导和伊斯兰教专家学者征求意见，经过反复修改，终成定稿。在此基础上又新增了大量内容，如牛街礼拜寺寺藏明代以来的碑刻拓片及录文、王友三幢挂录文等，增加了本书的历史文献价值，为记忆那段历史，为学者深入研究牛街礼拜寺的历史，研究伊斯兰教文化提供了不可或缺的史料文献。《清真古韵——北京牛街礼拜寺》一书，由明晓艳女士撰稿，马希桂先生统稿，编委会审定。

在本书的编写过程中，原北京市宗教局局长张恕贤、北京市宗教局局长申建军、副局长马中璞、宣武区人大副主任哈金起、宣武区人民政府副区长范宝、宣武区政协副主席、中共宣武区委统战部部长赵印春、宣武区人民政府民族宗教侨务办公室主任王贺君、副主任李丽京、工作人员马洪斌、中共宣武区委牛街街道工委书记王都伟、宣武区人民政府牛街街道办事处主任沙秀华、原中共宣武区区委宣传部长丁力、原宣武区区委书记金松龄、原宣武区政协主席郑文奇、原中国伊斯兰教协会副会长马云福、中国社会科学院世界宗教研究所研究员冯今源、原中国伊斯兰教经学院副院长杨宗山、伊斯兰教学者回宗正以及北京市伊斯兰教经学院铁国玺阿訇的热情关心和大力支持。在资料的收集整理过程中得到了北京联合大学研究生陈曦同学、牛街礼拜寺王喆先生、牛街阿訇李书文和杨东文、北京石刻艺术博物馆的王宏辉、于连成、贾瑞红、刘卫东等人的帮助。英文翻译是由美国俄克拉荷马州立大学亚太研究所研究员程锦先生完成的，阿拉伯文翻译是由《人民画报》社译审李华英先生和《今日中国》译审王茂虎先生共同完成，文物摄影是由《人民日报》海外版摄影部主任记者李石营先生完成。正是由于他们的支持和帮助，才使本书得以问世，在此一并表示深深的谢意。

在本书出版之际，真诚地感谢宣武区伊斯兰教协会会长薛天利大阿訇、张连慈秘书长、牛街礼拜寺民主管理委员会副主任韦春杰先生和众乡老们给予我们的信任和大力支持；还要特别感谢中国伊斯兰教协会会长陈广元大阿訇、中国社会科学院世界宗教研究所研究员冯今源先生慷慨为本书作序以及文物出版社的积极合作与细心的工作，才使本书得以顺利出版，在此一并表示真诚的感谢。

限于水平，囿于见闻，难免有所遗漏和不妥之处，谨祈方家教正。

明晓艳

2009年6月16日

Acknowledgements

All of us involvers feel so happy and gratified with the book "*An Old Islam Tone —— Beijing Niujie Mosque*" coming to publish soon.

Since May 8th, 2007, Xuanwu Office of Ethnic and Religion Commission and Xuanwu Islamic Association held a seminar at the office of Niujie Community Administration, to launch the exhibition "Niujie Mosque: History and Culture" aiming to show a "magnificent historical view by a moderate size expo", and then assigned Mr. Ma Xigui, the former Director of the Capital Museum, to be the head of this job; Ms. Ming Xiaoyan, Deputy Researcher of Beijing Stone Carving Art Museum, to write the exhibition guide; Mr. Zhou Shiqi, Researcher of the State Museum, Mr. Chen Kaiyu, Researcher of China Geologic Museum and Mr. Cheng Xu, Researcher of the Capital Museum to design the exhibition framework and proposed to edit and publish this book. That is the foundation of the book "*An Old Islamic Tone — Beijing Niujie Mosque*".

In past two years, we went so many times even in holidays to libraries and archive rooms in collecting data and information, yet rare valuable materials available for inadequate religion research and data reservation in history, though it is very hard to dig out enough materials in researching this over one thousand year old Niujie Mosque. Especially, we can hardly find satisfied answer for such as the establishing date, official record to prove that Niujie Mosque was a governmental authorize mosque in Ming dynasty, and to offset that the inscribed banner reserved in Niujie Mosque is bestowed by Kangxi, the emperor of Qing dynasty, etc. Owing to great support made by government officers, Islam researchers, Akhonds and elders, the book is finally composed on the base of the literature of "Niujie Mosque: History and Culture" which being published in Niujie Mosque for one month to collect public opinion and then revised many times to supplement the book, also, many photos and pictures are added in, such as rubbings of Ming dynasty steles reserved in Niujie Mosque, content quotations, and Prayer's Banner inscription written by Wang Yousan etc, thus making this book a more valuable document for historic research, for memory and reserve. With Ms. Ming Xiaoyan's copywriting and Mr. Ma Xigui's proofreading, "*An Old Islamic Tone — Beijing Niujie Mosque*" is checked and approved finally by the editing commission.

In the process of composition, Mr. Zhang Shuxian, former Director, Mr. Shen Jianjun, Director, and Mr. Ma Zhongpu, Vice Director of Beijing Bureau of Religious Affairs, Mr. Ha Jinqi, Deputy Director of Xuanwu Distric People's Congress, Mr. Fan Bao, Deputy Director of Xuanwu District Government, Mr. Zhao Yinchun, Vice Chairman of Xuanwu District Political Consultative Committee, Mr. Wang Hejun, Director, Ms. Li Lijing, Deputy Director, and Mr. Ma Hongbin,

Staff of Xuanwu District Ethnic and Religion Office, Mr. Wang Duwei, Secretary of CPC Niujie Community Working Commission, Ms. Sha Xiuhua, Director of Niujie Community Administration, Mr. Ding Li, former Director of CPC Xuanwu District Propaganda Division, Mr. Jin Songling, former Secretary of CPC Xuanwu District, Mr. Zheng Wenqi, former Chairman of Xuanwu District Political Consultative Committee, Mr. Ma Yunfu, former Vice president of China Islamic Association, Mr. Feng Jinyuan, Researcher of Institute of World Religions of Chinese Academy of Social Sciences, Mr. Yang Zongshan, former Associate Dean and Mr. Tie Guoxi, Imam of the Chinese Islam Institute, Mr. Hui Zongzheng, an Islamic scholar, all have contributed their enthusiastic support. In material collection, Mss. Chen Xi, graduate student of Beijing Union University, Mr. Wang Zhe of Niujie Mosque, Mr. Li Shuwen and Mr. Yang Dongwen, Akhonds of Niujie Community, and Mr. Wang Honghui, Mr. Jia Ruihong and Mr. Liu Weidong of Beijing Stone Carving Art Museum all have offered great assistance. English translation is done by Mr. Cheng Jin, Researcher of Asia-Pacific Institution of Oklahoma State University, Arabic translation is done by Mr. Li Huaying, senior translator of "China Pictorial" and Mr. Wang Maohu, Director of Arabic Department of "China Today", relics photo is done by Mr. Li Shiying, Director Reporter of Photo Department of "People's Daily" Overseas Edition. We must offer our indeed thanks to all of those contributors mentioned above, they are real founders of this book.

On publishing this book, we have to offer our sincere thanks to Mr. Xue Tianli, Imam and President, Mr. Zhang Lianci, General Secretary of Xuanwu District Islamic Association, Mr. Wei Chunjie, Deputy Director of Niujie Mosque Democratic Administration Committee and all elders who provided trust and great support. Particularly, we are grateful to Mr. Chen Guangyuan, Imam and President of China Islamic Association, Mr. Feng Jinyuan, Researcher of Institute of World Religions of Chinese Academy of Social Sciences, they kindly contributed forewords to this book. As well, we must thank the Cultural Relics Press providing its active cooperation and meticulous work, that makes the book published smoothly.

We do appreciated if you can provide materials and suggestions so that to help us to improve our work in the future.

Ming Xiaoyan
June 16, 2009

خاتمة

يشعر كل المشاركين في هذا العمل بالسعادة والاعتزاز بكتاب <<روائع إسلامية قديمة – مسجد نيوجيه في بكين >> الذي سيصدر قريبا. في الثامن من مارس سنة 2007، عقد مكتب شيوانوو للقوميات والأديان ببكين والجمعية الإسلامية في شيوانوو ندوة في مقر إدارة تجمع نيوجيه السكني بغرض إبراز "رؤية تاريخية هائلة من خلال معرض صغير الحجم"، والذي هو معرض تاريخ وثقافة مسجد نيوجيه، وحينذاك عُين السيد ما شي قوي، المدير السابق لمتحف العاصمة، ليرأس هذا العمل، السيدة مينغ شياو يان، الباحثة المساعدة بمتحف النقوش الحجرية ببكين، لتكتب دليل المعرض، السيد تشو شي تشي، الباحث بالمتحف الوطني الصيني، السيد تشن كاي يوي، الباحث بالمتحف الجيولوجي الصيني والسيد تشنغ شيوي، الباحث المساعد بمتحف العاصمة لتصميم المعرض، وفي نفس الوقت قدمت الندوة اقتراح تحرير ونشر الكتب المعنية. هذا هو أساس كتاب <<روائع إسلامية قديمة – مسجد نيوجيه في بكين>>.

خلال السنتين المنصرمتين، ذهبنا مرات عديدة، حتى في أيام العطلات، إلى المكتبات وغرف الأرشيف لجمع البيانات والمعلومات والمواد القيمة النادرة. إن من المهم التنقيب بعمق في البحث في مسجد نيوجيه الذي يمتد تاريخه أكثر من ألف سنة. ولكن من الصعب أن نجد إجابات مرضية لمسائل مثل تاريخ الإنشاء، السجلات الرسمية التي حددت مسجد نيوجيه كمسجد حكومي مرخص في فترة أسرة مينغ، والتحقق من أن الراية المنقوشة المحفوظة في مسجد نيوجيه خلعها عليه الإمبراطور كانغ شي، إمبراطور أسرة تشينغ. بفضل الدعم العظيم من المسؤولين الحكوميين، الباحثين المتخصصين في الإسلام، الأئمة والمسنين، تم في النهاية إنجاز الكتاب على أساس أدبيات "تاريخ وثقافة مسجد نيوجيه"، التي نشرت في مسجد نيوجيه لمدة شهر لجمع الآراء وتمت مراجعتها مرات عديدة لإكمال الكتاب، وأضيف له العديد من الصور، ومنها محكوكات ألواح أسرة مينغ المحفوظة في مسجد نيوجيه، ومقتطفات من المحتوى، وراية إتمام الدراسة المسجدية لوانغ يو سان، الخ. هذا يجعل الكتاب وثيقة ذات قيمة أعلى للبحث التاريخي وللذكرى والحفظ. بعد أن حررت السيدة مينغ شياو يان "روائع إسلامية قديمة – مسجد نيوجيه

في بكين" وراجعه السيد ما شي قوي، قامت لجنة التحرير بفحصه الموافقة عليه في النهاية.

ساهم في هذا العمل السيد تشانغ شو شيان ، المدير السابق لمصلحة الشؤون الدينية بمدينة بكين والسيد شن جيان جيون، مديرمصلحة الشؤون الدينية بمدينة بكين والسيد ما تشونغ بو، نائب مدير مصلحة الشؤون الدينية بمدينة بكين، والسيد ها جين تشي، نائب رئيس مجلس نواب الشعب لحي شيوانوو والسيد فان باو ، نائب رئيس حي شيوانوو ببكين السيد تشاو ين تشون، نائب رئيس المؤتمر الاستشاري السياسي بحي شيوانوو، ورئيس دائرة عمل الجبهة المتحدة التابعة للجنة شيوانوو للحزب الشيوعي، والسيد وانغ خه جيون، مدير مكتب حي شيوانوو لشؤون القوميات والأديان، والسيدة لي لي جينغ، نائبة مديرة مكتب حي شيوانوو لشؤون القوميات والأديان، والسيد ما هونغ بين والسيد وانغ دو وي، سكر تير لجنة الحزب الشيوعي الصيني للجنة العمل لتجمع نيوجيه السكني والسيدة شا شيو هوا رئيسة لجنة العمل لتجمع نيوجيه السكني، ، والسيد دينغ لي مديرالإعلام السابق للجنة الحزب الشيوعي بحي شيوانوو، والسيد جين سونغ لينغ، الأمين السابق للجنة الحزب الشيوعي بحي شيوانوو، والسيد تشنغ ون تشي، رئيس المؤتمرالاستشاري السياسي بحي شيوانوو، والسيد ما يون فو، النائب السابق لرئيس الجمعية الإسلامية الصينية، والسيد فنغ جين يوان، الباحث بمعهد أديان العالم للأكاديمية الصينية للعلوم الاجتماعية، والسيد يانغ تسونغ شان، نائب الرئيس السابق للمعهد الصيني للعلوم الإسلامية، والسيد هوي تسونغ تشنغ، العالم الإسلامي، والسيد تيه قوه شي، الإمام بمعهد العلوم الإسلامية ببكين، والسيد لي شو ون والسيد يانغ دونغ ون، الإمامان بمسجد نيوجيه، السيد ما يوي تيان، وهو رجل مسن في حي نيوجيه. كلهم ساهموا بدعمهم الحماسي، إضافة إلى الآنسة تشن شي، الطالبة بجامعة الاتحاد ببكين، السيد وانغ تشه من مسجد نيوجيه، السيد وانغ هونغ هوي، السيد جيا روي هونغ، السيد ليو وي دونغ من متحف النقوش الحجرية ببكين، كلهم قدموا مساعدات عظيمة. قام بالترجمة إلى اللغة الإنجليزية السيد تشنغ جين، الباحث بمعهد آسيا- المحيط الهادي بجامعة ولاية أوكلاهوما، وقام بالترجمة إلى اللغة العربية السيد لي هوا ين، المترجم الكبير في

"الصين المصورة"، وقام بعمل تصوير الآثار السيد لي شي ينغ، المدير الصحفي لقسم التصوير في الطبعة الدولية من "رنمين (الشعب)" اليومية. علينا أن نقدم شكرنا العميق لكل من شاركوا وذكرناهم أعلاه، فهم حقا المؤسسون الحقيقيون لهذا الكتاب.

بنشر هذا الكتاب، علينا أن نقدم شكرنا الخالص للسيد شيوي تيان لي، إمام ورئيس جمعية شيوانوو الإسلامية ببكين، السيد تشانغ ليان تسي، الأمين العام لجمعية شيوانوو الإسلامية ببكين، السيد وي تشون جيه، مدير إدارة العاملين بمسجد نيوجيه وكافة المسنين الذين قدموا لنا الثقة والدعم. وبشكل خاص نحن ممتنون للسيد تشن قوانغ يوان، إمام ورئيس الجمعية الإسلامية الصينية، السيد فنغ جيا يوان، الباحث بمعهد أديان العالم للأكاديمية الصينية للعلوم الاجتماعية، فهما ساهما بلطف في هذا الكتاب. وكذلك علينا أن نشكر دار نشر الآثار الثقافية على عونها الفعال وعملها الدءوب الذي يسر نشر الكتاب.

وإننا نقدر كثيرا ما قد تقدمونه لنا من مواد ومقترحات يمكن أن تساعدنا في تجويد عملنا في المستقبل

مينغ شياو يان

22 يونيو 2009